Inhaltsverzeichnis

Vorwort

Die meisten Beiträge dieses Taschenbuches wurden unter dem gleichnamigen Titel »DIE SPRECH-STUNDE« zuerst in der »antenne«, der Programmzeitschrift des EVANGELIUMS-RUNDFUNKS, veröffentlicht.

Viele haupt- und ehrenamtliche Mitarbeiter im Bereich der Gemeinde Jesu haben mich wissen lassen, daß sie mit diesem Material Gottesdienste, Bibelstunden, Hauskreise, Jugendstunden, Mitarbeiterrüsten, Klausurtagungen, Wochenendseminare, Gebetskreise und auch Gemeindebriefe bzw. Zeitschriftenartikel gestalten.

In diesem Zusammenhang wurde immer wieder der Wunsch geäußert, diese und andere Beiträge doch in einem Arbeitsbuch zu veröffentlichen. Dieser Bitte komme ich hiermit nach.

Sie werden mit Gewinn mit diesen Unterlagen arbeiten, wenn Sie folgende Hinweise beachten:

- Dies ist kein Buch, dessen Seiten man einfach so hintereinander wegliest.
- Nehmen Sie sich genügend Zeit, um jeweils *einen* Beitrag zu überdenken.
- Wo Bibelstellen angegeben sind, bitte den Text im Zusammenhang lesen.
- Hinweise am Ende der Beiträge machen auf Bücher oder Cassetten aufmerksam, in bzw. auf denen die jeweilige Thematik noch umfassender behandelt wird.
- Halten Sie Ihre eigenen Gedanken – Fragen, Antworten, Erfahrungen in einem Notizheft fest.

- Auch auf dem breiteren Buchrand können Sie Anmerkungen machen.
- Wenn Sie bei ungeklärten Gedanken hängen bleiben, gehen Sie ins Gebet.
- Finden Sie keine Klarheit, suchen Sie das Gespräch mit einem gläubigen Menschen Ihres Vertrauens.
- Sie können auch schreiben an:

Evangeliums-Rundfunk
Abteilung Seelsorge
Postfach
D-6330 Wetzlar

Braunfels im Juli 1986
Kurt Scherer

Alter-nativ leben

*»Man spricht heute viel vom »neuen Men-
schen« und von einem »alternativen Leben«.
Was versteht man darunter, und was sagt die
Bibel dazu?«*

Thilo Koch, ein bekannter Publizist, stellt fest: »Man
müßte gesünder und weniger essen und trinken, lang-
samer Auto fahren, weniger unnützes Zeug kaufen,
kompromißbereiter sein, nicht zuletzt aber Leistung
und Muße ins Gleichgewicht bringen. Das alles will
aber nicht so recht gelingen, denn Machtgier und
Egoismus, Maßlosigkeit und blindes Streben nach
Lustgewinn um jeden Preis bestimmen nach wie vor
den Alltag. Es müßte zuerst ein neuer Mensch geboren werden, ehe das andere wird.«
Ein Blick in die Vergangenheit und Gegenwart zeigt:
Das war *der Traum der Menschheit* von Anfang an:
Eine neue Welt, in der neue Menschen wohnen. Doch
alle Revolutionen von rechts oder von links haben
dieses Ziel nicht erreicht.

Nicht die Verhältnisse ...

Der Ansatz stimmt nicht: Schafft neue, bessere Verhältnisse, und ihr werdet auch bessere Menschen
bekommen! Es ist eindeutig erwiesen: Es gibt kein
neues moralisches Verhalten ohne eine grundlegende
Erneuerung des Menschen. Die Bibel bezeugt das,
und sie hat recht. Das Leben beweist es.

Die wahre Revolution, die den Menschen wirklich verändert, beginnt beim einzelnen, und zwar mit der Erneuerung seines Herzens. Es ist eine Revolution ohne Gewalt. Weil sie der Mensch nicht fertigbringt, ist es notwendig, daß man Gott um Hilfe anruft. Er schafft sie. Wo ein Mensch dem Ruf Gottes in seinem Sohn Jesus Christus folgt: »Tut Buße (denkt um!) und glaubt an das Evangelium«, da beginnt sie.

... sondern ich

Das Evangelium bezeugt, daß *in Jesus Christus das Heil und Heilwerden des Menschen* gegeben ist. Er starb für die Eigenwilligkeit und Ichhaftigkeit des Menschen und nahm damit stellvertretend dessen Sünde auf sich. Jeder, der dies im Vertrauen für sich selbst in Anspruch nimmt und sich diesem Jesus anvertraut (nicht einem Programm, einer Ideologie, einer Schule), bekommt Anteil am Leben Gottes. Damit ist der Grund gelegt zu einem neuen Leben: »Ist jemand in Jesus Christus, so ist er eine neue Schöpfung. Das Alte ist vergangen, ein ganz Neues hat begonnen« (2 Kor 5,17).
Buße und Glaube sind das Eingeständnis: »*Ich* bringe das neue, sinnvolle und damit reiche Leben nicht fertig – aber *du,* Herr Jesus Christus, mein Herr und mein Gott. Darum vergib mir meine Selbstgerechtigkeit und übernimm du die Regie meines Lebens.«

Eine neue Mitte

Mit solchen Menschen, die *unter dem Einfluß des Geistes Gottes neu denken lernen,* und anhand des

Wortes Gottes neue Wertmaßstäbe anlegen, fängt
Gott an, eine neue Welt zu schaffen, denn sie haben
für ihr Leben eine neue Zielsetzung. Nicht mehr das
eigene Ich ist Mittelpunkt. Es geht jetzt vielmehr um
eine Lebensgestaltung, die zuerst Gottes Ehre sucht
und das innere und äußere Wohl des Nächsten.

Wie werde ich Christ?

Vorbemerkungen:

Ein Christ ist ein Mensch, der in einer persönlichen Beziehung zu Jesus steht. Dies geschieht durch die *Wiedergeburt* (Joh 3) und *Bekehrung* (Lk 15,11–32) des Menschen.
Wiedergeburt und Bekehrung sind die zwei Seiten desselben Geschehens aus der Sicht Gottes und aus der Sicht des Menschen. Sie sind Gottes Aktion und des Menschen Reaktion.

Gottes Aktion:

– Der Mensch hat sich gegen Gott entschieden (1 Mo 3).
   Seine Eigenwilligkeit nennt die Bibel Sünde. Sie zerstört die Gemeinschaft mit Gott (Röm 6,23; 5,12). Er verfehlt damit das Ziel seiner Bestimmung: »In Gemeinschaft mit Gott leben und ihm dienen dürfen, das gibt unserem Leben den rechten Sinn und Wert« (Th. Spörri).

– *Nicht eigener Verdienst rettet den Menschen* (Röm 3,28).
   Keine Selbstrechtfertigung: Ich bin auch nicht schlechter als andere.
   Keine Verharmlosung: Wir sind doch alle Sünder.
   Keine guten Werke: Ich bin immer ein guter Mensch gewesen.

Keine Sakramente: Ich bin doch getauft, konfirmiert...

Keine Gesetzlichkeit: Ich habe die Gebote gehalten.

Keine Tradition: Ich bin immer in die Kirche gegangen.

Es gibt keinen Weg des Menschen zu Gott!

– *Gott rettet den Menschen* (Röm 3,28).
Er kommt zum Menschen (1 Joh 4,9.10).
Er ist für den Menschen (Röm 8,31.32).
Er liebt den Menschen (Joh 3,16).
Er läßt Gnade vor Recht ergehen (Röm 3,23.24).
Der Grund der Errettung des Menschen liegt nie in ihm selbst, sondern immer in Jesus Christus begründet!

– *Jesus Christus ist des Menschen Rettung* (Apg 4,12).
Er ist der Weg in die Gemeinschaft mit Gott (Joh 14,6).
Er hat die Strafe – und wir sind strafwürdig (1 Joh 1,10) – auf sich genommen (Jes 53,4–6).
Er ist unsere Versöhnung (Röm 5,8–11).
Er ist unsere Gerechtigkeit (2 Kor 5,21).

– *Die Rechtfertigung durch Jesus Christus schließt ein:*
Freispruch vom Verdammungsurteil (Röm 8,1).
Vergebung der Sünde (Kol 1,14; 1 Joh 1,7).
Friede mit Gott (Röm 5,1).
Zugang zur Gnade Gottes (Röm 5,2).
Lebendige Hoffnung (1 Joh 3,1–3).
Kraft zu einem neuen Leben (Röm 6).
Ewiges Leben (1 Joh 5,11–13).

– *Gemeinschaft mit Gott bekommt,*
wer die Rechtfertigung für sich persönlich in Anspruch nimmt (Röm 4,5; 5,1)
wer Jesus Christus um Vergebung bittet (Spr 28,13; 1 Joh 1,9).
wer Jesus Christus in sein Leben aufnimmt (Joh 1,12).
Im Glauben darf sich der Mensch aneignen, was Jesus Christus für ihn getan hat!

– *Wer Jesus in sein Leben aufgenommen hat, dem bestätigt Gottes Geist,*
daß er nun nicht mehr nur Geschöpf Gottes, sondern Kind Gottes ist (Röm 8,16) und Miterbe Christi (Röm 8,17).
Er hat Heilsgewißheit!

– *Heilsgewißheit*
ist ein inneres Wissen, daß ich mit Gott versöhnt und ein Eigentum Jesu Christi bin (Eph 1,7; Kol 1,14; 1 Petr 1,18 f.);
ist eine von Gottes Geist gewirkte Überzeugung: »Ich weiß ...« (2 Tim 1,12; Röm 8,38; 1 Joh 5,18).

– *Warum weiß der Christ das?*
Weil er es fühlt? – Nein! Sondern: Weil Gottes Wort es ihm sagt und sein Geist es ihm bezeugt!
Die Reihenfolge heißt daher:
1. *Tatsache* (Gott und sein Wort) (Ps 33,4.9; Mt 24,35);
2. *Glaube* (Das Vertrauen auf Gott und sein Wort) (Joh 6,69; 15,14; 20,29; Hebr 11,1)
3. *Erfahrung* (Die Folge von Glaube und Gehorsam) (Röm 5,4; 8,28);
4. *Gefühl* (Die Folge der Erfahrung mit Gott und seinem Wort).

– *Wie bewahrt der Christ seine Heilsgewißheit?*
Indem er nicht vergißt, was er empfangen hat
(1 Petr 1,3–11).
Indem er das vorige Leben nicht wieder liebgewinnt
(1 Joh 2,15–17).
Indem er in Jesus Christus bleibt (1 Joh 2,28;
Joh 15).
Indem er im Wort, in der Gemeinschaft, im Brot-
brechen und Gebet bleibt (Apg 2,42).
Indem er den Namen Jesus vor den Menschen
bekennt (Röm 10,10; Mt 10,32).

– *Als Kind Gottes steht der Mensch unter einem neuen
Einfluß,*
dem Einfluß des Heiligen Geistes (Röm 8,14). Er
ist eine neue Schöpfung (2 Kor 5,17).
Das ermöglicht ihm eine neue Gesinnung
(Röm 12,1.2),
die ihren Niederschlag findet im Denken, Sprechen, Wesen und Verhalten. Er lernt lieben
(1 Joh 4,19).
Er findet ein sinnerfülltes und damit reiches Leben
(Joh 10,10).

– *Mit Dank und Demut kann er bekennen:*
»Ich weiß, daß mein Erlöser lebt!« (Hi 19,25).

Des Menschen Reaktion (Lk 15,11–24):

– *»Gib mir, Vater...«*
Der Mensch geht seine eigenen Wege, er will sein
eigener Herr sein! Er hat seine eigenen Lebensvor-
stellungen, er will selbständig darüber entscheiden,
was für ihn gut, was schlecht ist.

Er hat Angst, er könnte sein Leben nicht auskosten,
er will daher weder Gebote noch Verbote. Er hat Gott die Gemeinschaft aufgekündigt, er will seine Freiheit.

– *»Und er teilte...«*
Gott läßt dem Menschen seinen Willen!

– *»Der Sohn brachte sein Gut um mit Prassen.«*
Zunächst sieht alles rosig aus: alles tun und lassen können, was man will. Doch dann, im Laufe der Zeit, stellt er fest: Es ist gar nicht so weit her mit dieser Freiheit! Mein Gut zerrinnt mir ohne den Vater unter den Händen! Ich lebe ja gar nicht, ich werde von anderen gelebt! Ich bin gar nicht frei, ich bin gebunden!
Da kommt die Krise: Nicht der ist frei, der tun kann, was er will, sondern der wollen kann, was er tun soll!

– *»Da schlug er in sich...«*
Er erkennt: Es war eine falsche Entscheidung, selbstherrlich leben zu wollen.
Er bereut: Es war zu Hause doch gar nicht so schlecht.
Er denkt um: Eine göttliche Traurigkeit kommt über ihn (2 Kor 7,10).
Er faßt den Entschluß heimzukehren nicht, weil ihn die Fremde anekelt, sondern weil des Vaters Liebe ihn heimliebt.

– *»Ich will mich aufmachen...«*
Buße tun ist ein Willensentschluß!

»Wenn viele Leute sagen: Buße ist nicht gefragt,
laß dir den Mut nicht nehmen, der die Umkehr
wagt.
Die Freude der Buße freut sich niemals aus.
Wer umkehrt vom Irrweg, geht gern den Weg
nach Haus!«
(Dieter Trautwein)
Die Fragen: Wie wird der Vater reagieren? Was
wird mein Bruder sagen? Was werden die anderen
denken? treten in den Hintergrund.
Resignation ist keine Umkehr.

– *»Und er machte sich auf...«*
Wer umdenkt und umkehrt, verläßt den alten
Standpunkt. Er gewinnt eine neue Perspektive.
Hoffnung motiviert! Sie läßt nicht zuschanden wer-
den! Zuversicht setzt in Bewegung! Zielbewußt!
»Wo Menschenwege enden, fängt Gottes Weg erst
an!«

– *»Der Sohn aber sprach...«*
Er bekennt: »Vater, ich habe gesündigt...« Ich
habe keinen Anspruch mehr, dein Sohn zu sein.
Er entschuldigt sich nicht. Er macht nicht andere
verantwortlich. Er verharmlost nicht.
Er stellt sich den Gegebenheiten. Des Vaters Liebe
ist mit ihm zum Ziel gekommen!

– *»Und sie fingen an, fröhlich zu sein.«*
Der Vater begegnet dem Sohn über Bitten und
Verstehen: Die Schuld der Vergangenheit wird
nicht aufgerechnet. Vergebung wird dem Sohn
zuteil. Er wird wieder in sein Kindes- und Sohnes-
recht eingesetzt.
Das Leben kann neu beginnen! Jesus macht es
möglich!

Übergabegebet:

Herr, ich habe gesündigt in Gedanken, Worten und Taten. Ich bekenne das vor dir. Es tut mir leid. Erbarme dich meiner und vergib mir.

Dein Wort bezeugt mir, daß du auch für mich am Kreuz gestorben bist und dein Blut vergossen hast zur Vergebung meiner Rebellion gegen dich und für alle daraus folgenden Sünden. Das nehme ich für mich persönlich in Anspruch. Ich danke dir dafür.

Ich will von jetzt an nur dir gehören und gehorchen, an dich glauben und dir vertrauen, dir und den Menschen dienen mit allem, was du mir geschenkt hast, was ich bin und habe.

Danke, daß du, auferstandener Herr, mich durch dein Wort und deinen Geist ausrüstest, zu deiner Ehre zu leben. Amen!

Zwei Bemerkungen:

– Die einen wissen den Tag ihrer Wiedergeburt und Bekehrung; andere wachsen hinein in die Gewißheit, ein Kind Gottes zu sein. Wesentlich ist die Gewißheit!

– Die einen werden von ihrer Sündenerkenntnis überführt, und danach wächst die Liebe Gottes in ihnen; andere werden von der Liebe Gottes überwältigt, und die Sündenerkenntnis kommt ihnen erst danach. Wesentlich ist die Gewißheit, daß Gottes Liebe mich aus meiner Verlorenheit für Zeit und Ewigkeit gerettet hat!

Die Macht der Liebe Gottes

Vorbemerkung: Der Schrei nach Liebe

Die Liebe spielt in unserem Leben eine ganz entscheidende Rolle. Liebe ist nämlich die Macht, welche Menschen verändert; und durch veränderte Menschen ist es möglich, auch Situationen zu ändern. *Ohne Liebe gibt es eigentlich kein wirkliches Leben.*
Entsprechend leiden sehr viele Menschen unter der Kälte in unserer Wohlstandsgesellschaft. Als ich durch ein Sanatorium geführt wurde, sagte mir die Leiterin unter anderem: »Die meisten unserer Patienten sind hier, weil sie nicht geliebt haben oder nicht geliebt worden sind. Das ist eigentlich die tiefste Ursache ihres Krankseins, alles andere sind nur Symptome.« Und sie fuhr fort: »Also müssen wir sie durch Liebe die Liebe lehren.«

Wir sind von Gott geliebt

Die große Antwort auf unseren Schrei nach Liebe finden wir in der Bibel. Sie zeigt uns nämlich die Macht der Liebe Gottes, die sich in Jesus Christus geoffenbart hat.
Diese Macht der Liebe Gottes
- macht kalte, leere, wunde Herzen gefühlvoll, liebevoll, heil.
- ist in unserem Leben ganz konkret erfahrbar.
- gibt innere Gewißheit und Kraft, ist stärker als

Verzweiflung, Haß, Abgestumpftsein und Verbitterung.
– macht uns fähig, unsererseits zu lieben. *Weil Gott
mich liebt, kann ich meinen Nächsten lieben.*

Menschliche Liebe – das große Defizit

Alle reden von Liebe. In Fernsehen, Illustrierten,
Romanen, Zeitungen – überall begegnet uns das Wort
»Liebe«. Aber gewöhnlich steckt in ihm ein heimli-
cher Defekt:
Wir lieben gewöhnlich, um etwas zu bekommen; es
muß etwas Liebenswertes am anderen sein, etwas, das
wir haben wollen, was uns etwas einbringt. *Keiner von
uns liebt zuerst.*

Gottes Liebe: das große Angebot...

Auf diesem Hintergrund hebt sich nun Gottes Liebe
ganz hell ab: *Er liebt uns immer zuerst.* Er kommt mir
mit seiner Liebe immer zuvor. »Darin besteht die
Liebe: nicht, daß wir Gott geliebt haben, sondern daß
er uns geliebt hat und seinen Sohn gesandt hat zur
Versöhnung für unsere Sünden« (1 Joh 4,10).
Wir brauchen uns keine Treppen bauen, um zu Gott
zu gelangen. Er ist zu uns gekommen. Er liebt uns so
sehr, daß er seinen einzigen Sohn geopfert hat, damit
alle, die diesem Sohn ihr Leben anvertrauen, gerettet
werden, für immer Anteil haben am Leben Gottes
(Joh 3,16).
Wir haben nichts, was Gott reizen könnte, uns zu
lieben; wir können ihm nichts bringen, was liebenswert wäre. Wenn wir schon etwas bringen, dann doch

unser Mißtrauen, unsere Angst, unseren Haß, vielleicht sogar unseren Widerwillen gegen seine bedingungslose Gnade, die uns so unlogisch erscheint. Mit einem Wort: *Was wir Gott bringen können (und dürfen und sollen), ist unsere Sünde.*

Uns so zu lieben – so ganz ohne daß wir es verdient hätten, so ohne jede Vorleistung unsererseits – das gehört zur Freiheit und Majestät Gottes. Wir müssen uns nicht erst besser machen – *Gott liebt uns brutto.* Gott liebt uns sogar dann, wenn wir es nicht wollen. Er hält uns seine Hand hin. Auch wenn unsere Zweifel aufmarschieren und aus allen Kanonen schießen – es bleibt unwandelbar dabei: Gott hat uns zuerst geliebt.

... das unsere Antwort will

Gott liebt den Sünder brutto. Er liebt nicht die Sünde; aber er liebt den Sünder, er bejaht ihn, er ist für ihn. Diese Liebe verlangt unsere Antwort. Und die einzig richtige, zum Aufatmen führende Antwort ist nicht die, daß wir uns (weil wir so schlecht sind und so viel versagen) von Gott wegtreiben lassen, sondern daß wir uns zu ihm hinziehen lassen. *»Ich bin geliebt, zuerst geliebt von dir, meinem Gott und Herrn. Du hast mich bei meinem Namen gerufen, ich bin dein«* – das ist die Antwort, die Gott von uns erwartet.

Diese Antwort ist keine »Leistung«, keine »Gegengabe« für Gottes Liebe. Auch und gerade da, wo wir zu danken beginnen, stehen wir unter der Macht der Gnade; die Gnade ist immer zuerst da. Es ist nicht so, daß Gott unseren Dank »bräuchte«.

Aber unser Nächster braucht ihn. Zu ihm schickt uns Gott, an ihm sollen wir unsere Gegenliebe konkret werden lassen: »Petrus, weide meine Schafe, führe meine Lämmer, leite meine Schafe« (Joh 21). Jenes »Laßt uns lieben, denn er hat uns zuerst geliebt« (1 Jo 4,19) muß sich konkretisieren. *Gott lieben geschieht in der Nächstenliebe.* »Was ihr einem unter diesen meinen geringsten Brüdern getan habt, das habt ihr mir getan« (Mt 25,40).

Lieben lernen, wie Jesus liebt

Gott hat uns zuerst geliebt, und wir können ihn wiederlieben, indem wir die von Gott Geliebten liebhaben. Wir können es einüben, Liebe zu praktizieren wie er – Liebe, die nicht danach fragt, ob der Geliebte sie überhaupt verdient hat oder entgelten kann. »Liebe deinen Nächsten wie dich selbst« – das ist eine Anweisung, die einen Schlüssel gibt zu dem vereinsamten, nach Liebe hungernden Menschen unserer Tage.

– *Diese Liebe ist kein Krampf.* Wir brauchen sie nicht selbst zu »machen«. Gott hat sie ja durch seinen Geist in unser Leben hineingeschüttet (»ausgegossen«, Röm 5,5). Wir brauchen nur unser Leben von seiner Liebe bestimmen zu lassen.

– *Diese Liebe ist nicht nur ein Wort.* Sie ist Haltung, Lebensstil, Tat. Sie hat Arme, Hände, Füße, formt sich in Worte, in einen freundlichen Blick. (Kol 3,12–17)

– *Diese Liebe orientiert sich an Jesu Liebe.* Jesus hat gesagt: »Ein neues Gebot gebe ich euch, daß ihr euch untereinander liebt, *wie ich euch geliebt habe*« (Joh 13,34). Wie hat Jesus z. B. Petrus geliebt, damals, nach der Verleugnung und nach dem gemeinsamen Mahl am See (Joh 21). Er hat ihm keine Vorhaltungen gemacht. Er hat sich zu ihm bekannt und eine neue Vertrauensbasis geschaffen. Er hat ihn auf dieser Basis zurückgeschickt auf sein altes Arbeitsfeld, mit einem unausgesprochenen »Dort wirst du dich bewähren«. – Als von Gott Geliebte können wir wiederlieben.

Die Bibel hat verschiedene Ausdrücke für »Liebe«. Für die rein menschliche Liebe hat sie das Wort *Eros* und für die göttliche Liebe *Agape*. Es kommt darauf an, daß diese selbstlose Agape unsere ichbezogene Liebe umfängt und heiligt: »Die Liebe ist langmütig und freundlich, die Liebe ist nicht eifersüchtig, die Liebe treibt nicht Mutwillen, die Liebe bläht sich nicht auf, sie ist nicht ungeduldig, sie sucht nicht das Ihre, sie läßt sich nicht erbittern, sie rechnet das Böse nicht zu, sie freut sich nicht über die Ungerechtigkeit, sie freut sich aber an der Wahrheit; sie erträgt alles, sie glaubt alles, sie hofft alles, sie duldet alles« (1 Kor 13).

Liebe vermag alles

Liebe vermag alles – ein Satz, der nicht am Schreibtisch entstanden ist, sondern im täglichen Umgang mit Menschen. Ich bin davon überzeugt, daß Erkrankungen der menschlichen Persönlichkeit und Differenzen in zwischenmenschlichen Beziehungen geheilt werden können, wenn die Beteiligten neu den Wert der Liebe Gottes erkennen und die Bedeutung des Satzes »Geben ist seliger als Nehmen.«

Lassen Sie sich doch die Liebe Gottes gefallen. Gott will dann Ihre Liebe dazu benutzen, daß der, der sie erfährt, buchstabieren und sprechen lernt: Ich bin geliebt – zuerst geliebt von Gott.

Wenn Sie diese Erfahrung machen, sind Sie selbst der Beschenkte. Denn Gott läßt sich niemals etwas schenken. Es bleibt immer das Zuerst: zuerst geliebt!

Zum Nachdenken:

»Gott liebt uns nicht, weil wir so wertvoll sind; wir sind so wertvoll, weil Gott uns liebt« (H. Thielicke).

»Die Liebe allein versteht das Geheimnis, andere zu beschenken und dabei selbst reich zu werden« (Clemens Brentano).

»Zur Liebe gehört immer, daß sie einen Menschen da aufsucht, wo er ist, und nicht dort, wo man ihn schon haben möchte« (Adolf Köberle).

»Der Schlüssel zu den Herzen der Menschen wird nie unsere Klugheit, sondern immer unsere Liebe sein« (Hermann Bezzel).

»Menschen, die uns Liebe schenken, sind wie Brükken zu neuen Ufern« (Ernst Haehnel).

»Liebe ist der Überfluß an Kraft, die den erfüllt, der nicht an sich selbst denkt« (Dag Hammarskjöld).

Mehr zu diesem Thema im Buch des Autors »Mit Streß leben« (Hänssler-Verlag).

Wachsen – Reifen – Frucht tragen

Christsein ist Wachstum

Vielerorts herrscht die Meinung, mit der Bekehrung sei man als Christ auch schon »fertig«; man zitiert dabei gern Bibelworte wie 2 Kor 5,17: »Ist jemand in Christus, so ist er eine neue Kreatur; das Alte ist vergangen, siehe, es ist alles neu geworden.«
Aber dann kommen Krisen, Probleme, Niederlagen im Leben, und nicht selten erlebt man die große Verunsicherung: Darf so etwas einem Christen, der doch ganz neu geworden ist, überhaupt passieren? Bin ich vielleicht gar kein Christ?
Ein Blick in den Grundtext der Bibel kann uns hier helfen. Dort steht nämlich nicht: »es ist *alles* neu geworden«, sondern: »ein (ganz) Neues hat begonnen.« (Die neueste Lutherübersetzung schreibt: »Neues ist geworden.«)
Was heißt das? Die Lebensschuld des Bekehrten ist vergeben. Er hat Frieden mit Gott bekommen, er hat Gemeinschaft mit Jesus Christus, er steht jetzt unter dem Einfluß des Geistes Gottes. *Aber* er ist nicht frei von sämtlichen Lebensproblemen geworden; er hat nach wie vor Leid zu tragen, Spannungen auszuhalten, Enttäuschungen zu bestehen; er hat nach wie vor (ja, jetzt eigentlich erst recht) gegen die Sünde zu kämpfen.
Man kann es nicht genug betonen: Die Bekehrung ist ein Anfang, nicht die Vollendung. *Christsein ist Wachstum.* Es gilt, in der Nachfolge Christi im rauhen Alltag das Christsein zu lernen. Wer das begriffen hat

und sich vertrauensvoll diesem Jesus Christus hingibt, wird vor tiefen Enttäuschungen bewahrt.

Folgende vier Leitsätze mögen das näher beleuchten:

Erster Leitsatz:
Durch meine Bekehrung bin ich ein neuer Mensch geworden und bleibe noch ein Sünder, wenn auch ein begnadigter!

In und durch Jesus Christus bin ich *gerecht* (d. h. richtig) vor Gott geworden und habe Frieden mit ihm (vgl. Röm 5,1–2). Aber ich bin nach wie vor ein Sünder.

Ein Vergleich kann das verdeutlichen: Wenn ein Alkoholiker »trocken« wird, also nicht mehr trinkt, dann bleibt er doch Alkoholiker; aber er ist trocken, solange er abstinent lebt. So ähnlich ist das auch mit dem Sünder: Er bleibt Sünder, aber so lange er »in Christus« bleibt, also das, was Jesus für ihn am Kreuz getan hat, persönlich für sich in Anspruch nimmt, ist er ein *begnadigter* Sünder und damit »in Christus« richtig vor Gott.

Wie sieht nun dieses »in Christus bleiben« aus? Die Antwort gibt uns das bekannte Bild vom Weinstock und den Reben, das Jesus in Joh 15,1–8 seinen Jüngern gibt. Hier wird uns gesagt: Ein Christ bleibt dann in Christus, wenn er Jesus Christus uneingeschränkt vertraut und seinem Wort gehorcht; mit anderen Worten: wenn er in allen Lebenslagen an Jesus festhält und sein Wort hört und es befolgt.

26

Zweiter Leitsatz:
Durch meine Bekehrung bin ich ein Jünger Jesu geworden und muß doch erst einer werden!

Wenn ein Mensch geboren ist, *ist* er Mensch; und doch muß er erst noch Mensch *werden:* gehen, essen, sprechen, sich richtig verhalten und reagieren lernen; er muß heranwachsen, seine Persönlichkeit muß reifen.

Ganz ähnlich auch bei der Wiedergeburt. Ich *bin* jetzt ein Christ und muß doch erst noch einer *werden.* Ich muß lernen, mich der Bibel entsprechend zu verhalten, muß lernen, wann ich zu reden und wann ich zu schweigen, was ich zu tun und was ich zu lassen habe.

Das kann ich nur, wenn ich »in Christus bleibe«, also mich intensiv mit Gottes Wort befasse. Dann wird Gottes Geist und Wort eine lebenspendende Kraft in mir sein, und ich werde erleben, was in Joh 1,12 steht: »Wie viele ihn aber aufnahmen, denen gab er Macht, Gottes Kinder zu werden – denen, die an seinen Namen glauben.« *Es geht also beim Christsein um ein Werden.*

Dritter Leitsatz:
Durch meine Bekehrung habe ich mich grundsätzlich für Jesus Christus entschieden – und muß mich doch täglich neu für ihn entscheiden!

Durch die Bekehrung habe ich Verbindung zu Jesus bekommen. Aber diese Verbindung muß sich in meinem Alltagsleben fortsetzen und festigen. Da bin ich gefragt: *Will ich leben lernen, wie Jesus es mir vorgelebt hat; lieben lernen, wie er geliebt hat und liebt;*

vergeben lernen, wie er vergeben hat und vergibt? Will ich als Christ reifer werden, Jesus ähnlicher?

Ich kann das nur, wenn ich »in Jesus bleibe«, also sein Lieben und Vergeben täglich für mich in Anspruch nehme. Die täglich neue Liebe und Vergebung durch Jesus befähigt mich, meinerseits täglich neu zu lieben und zu vergeben. *Ich kann als Christ nicht aus der Reserve leben;* ich muß ständig neu auftanken.

Vierter Leitsatz:
Durch meine Bekehrung hat ein neues Leben in mir begonnen, doch muß dieses Leben täglich erneuert werden!

In Apg 2,42 lesen wir: »Sie blieben aber beständig in der Lehre der Apostel und in der Gemeinschaft und im Brotbrechen und im Gebet.« Wachsen hat mit *Bleiben* zu tun, und dieses Bleiben beinhaltet *Empfangen und Geben.*

Das Beten z. B. ist ein Empfangen, denn wir bekommen dadurch Gottes Gnade und Kraft für unser Leben; aber es ist auch ein menschliches Tun, das Ordnung und Zucht erfordert; wer nur betet, wenn er Lust dazu hat, wird wahrscheinlich ziemlich wenig beten. Ähnliches gilt für Bibellesen, Gemeinschaft mit anderen Christen, die Feier des Abendmahls und die Inanspruchnahme von Vergebung. Oder nehmen wir das persönliche Bezeugen des Glaubens: es ist einerseits ein gehorsames Tun des Menschen, gleichzeitig jedoch ein Weg, auf dem wir mehr Glaubenskraft empfangen. Für jedes Gebiet des Christenlebens gilt das. Wir haben es mit Gottes und des Menschen Handeln zugleich zu tun. Wir sind sowohl Beschenkte als auch Handelnde.

Das gilt auch für Zeiten der Anfechtung, des Zweifels, des Kämpfens. Wenn wir uns in ihnen zu Gott halten, sind wir die Gehaltenen, und das läßt zugleich unseren Glauben reifen. *Bewährung* sollte immer gleichwertig mit *Bewahrung* gesehen werden. Wer nur bewahrt werden will, erlebt nicht, was Paulus im Römerbrief schreibt:

> »Wir rühmen uns auch der Bedrängnisse, weil wir wissen, daß Bedrängnis Geduld bringt, Geduld aber Bewährung, Bewährung aber Hoffnung, Hoffnung aber läßt nicht zuschanden werden; denn die Liebe Gottes ist ausgegossen in unsere Herzen durch den heiligen Geist, der uns gegeben ist« (Röm 5,3–5).

Wo wir dies erleben, bekommen wir auch einen ganz anderen Zugang zum »Frucht-Tragen«, mit der Betonung auf dem tragen. Da wird manche Last wertvoll, weil sie die Frucht aus Bedrängnis, Geduld, Wartenlernen, Hoffnung ist. Doch solche Erfahrungen können wir nur sammeln, wenn wir es uns wirklich klar machen, daß unser Christsein nicht etwas Abgeschlossenes ist, sondern ein Wachstums- und Reifeprozeß, in dem wir stehen.

Neun Punkte zur Nachfolge

Glaube will getan und gelebt werden. Geschieht dies nicht, bleibt die Leben spendende Erneuerung, die beim einzelnen Gläubigen wie auch in der Gemeinde ihren Niederschlag findet, aus.

An einem Neun-Punkte-Programm möchte ich dies verdeutlichen:

1. Die Bibel allein ist verbindliche Autorität.

Auch in unseren Tagen geht der Streit um die Autorität der Bibel weiter. Fragen wie: Können wir ihr vorbehaltlos vertrauen? Sind die Wunderberichte wahr? Stehen sie nicht im Widerspruch zur Wissenschaft? Bringen manche Verunsicherung mit sich.

Wir sollten solche Fragen nicht überhören. Wir sollten sie aber auch nicht überbewerten und uns in unfruchtbare Diskussionen verstricken lassen. Wer sich von diesen Wenn und Aber gefangennehmen läßt, wird nie die Wahrheit der biblischen Aussagen in seinem Leben erfahren. Wunder sollen allein die schauen, die sich auf Gottes Wort verlassen und ihm trauen; ihnen sagt Jesus Christus offene Türen zu, d. h. Zugang zu den Menschen und Hilfe bei der Bewältigung ihrer Probleme.

Wir sollten uns verstärkt mit der Bibel beschäftigen. Sie gibt die Antwort auf die Fragen unserer Zeit, sie gibt Orientierung, sie gibt uns den Glauben, den wir zum Leben benötigen. Je mehr wir sie studieren, desto deutlicher wird es: Was die Welt braucht, ist Gottes Wort – das Evangelium!

– *Die einzig richtige Entscheidung lautet (wie einst bei Petrus, Lk 5,5): Auf dein Wort, Herr Jesus, will ich es wagen, mein Leben zu leben.*

2. Jesus allein gibt Heil.

Jesus Christus war die Mitte des Redens, Tuns und Denkens der ersten Christen. Sie wußten: »In keinem anderen ist das Heil, es ist auch kein anderer Name unter dem Himmel den Menschen gegeben, durch den wir gerettet werden sollen« (Apg 4,12).

Heute dagegen besteht die Gefahr, daß Jesus Christus unter Floskeln, Aktionen, Sitzungen und Ordnungen begraben wird. Es gilt neu zu lernen, daß nur in ihm Heil, und daß er der Herr ist. Jesus war nicht der Sozialreformer, der Sozialist, der Humanist – nein, er ist der Heiland der Welt, der den Menschen von seiner Ichgebundenheit erlöst.

– *Es darf nicht heißen: »Jesus und«, sondern: »Jesus allein«. Die einzig richtige Entscheidung lautet: »Ich schäme mich des Evangeliums von Jesus Christus nicht, denn es ist eine Kraft Gottes, die alle rettet, die sich ihm anvertrauen«* (Röm 1,16).

3. Der Glaube allein gibt Anteil am Leben Gottes.

In unserer Zeit des Leistungszwangs gilt es ganz neu zu lernen, daß man sich die Erlösung und das Leben aus Gott nicht selbst verdienen kann. Nicht weil wir ihm irgendwelche Leistungen vorzuweisen hätten, gibt Gott uns Anteil an seinem Leben, sondern allein weil er uns liebt und weil Jesus Christus sein Leben stellvertretend für unsere Schuld geopfert hat. Wer sich diese Tatsache dankbar vor Augen führt, wird frei von Verkrampfung in seiner Christusnachfolge.

– *Die Entscheidung, die wir daraus zu ziehen haben, kann nur lauten: »Laßt uns ihn lieben, denn er hat uns zuerst geliebt«* (1 Joh 4,19).

4. Gottes Heiliger Geist allein bringt neues Leben.

Im Leben vieler Christen führt der Heilige Geist ein Schattendasein. Aber Jesu Verheißung »Ihr werdet die Kraft des heiligen Geistes empfangen und werdet meine Zeugen sein« (Apg 1,8) kann nur ausgelebt werden, wenn wir uns dem Wirken des Geistes nicht versperren.

Die Lebensgeschichten gesegneter Christen – etwa wie Franz von Assisi oder John Wesley – zeigen nur zu deutlich die ungeheure Bedeutung des Heiligen Geistes; diese Menschen rechneten ganz konkret mit seinem Wirken und planten es in ihr Leben ein.

Heute setzt man oft viel zu viel auf Betriebsamkeit, Geld, Bauten, Organisationen und Methoden. Aber neues Leben entsteht nur aus der von Gott gewirkten Dynamik des Heiligen Geistes. Wo diese Kraft verdrängt wird, mag gut und gekonnt über Jesus geredet werden, aber es fehlt die Tiefenwirkung.

– *Unsere einzig richtige Entscheidung kann hier nur die Bitte sein: »Komm, Schöpfer, Heiliger Geist, kehr ein, besuche segnend unsre Reihn.«*

5. Wir brauchen Zeichen des neuen Lebens.

Viel Leerlauf in der Nachfolge Jesu entsteht dadurch, daß wir nicht mehr wissen, daß wir Gottes Kinder sind, daß uns die innere Gewißheit (vgl. Röm 8,16) fehlt. Denn ohne diese Gewißheit wird auch die Frucht des Geistes (Gal 5,22–23) fraglich – und an ihren Früchten sollen die Christen doch erkannt werden (vgl. Mt 7,20). Wo diese Früchte fehlen, da können wir nicht mehr mit unserem Leben Gott ehren und unseren Mitmenschen ein Segen sein, da steigen wir über kurz oder lang aus dem Leben mit Gott aus.

– *Die einzig richtige Entscheidung ist hier: Buße tun und Gott um Vergebung und neue Gnade bitten, in der Kraft seines Geistes zu leben.*

6. Zur Nachfolge Jesu gehört Selbstdisziplin.

Viele Christen wollen dienen, aber nur stundenweise; gehorchen, aber nicht immer; das Kreuz tragen, aber kein schweres; Opfer bringen, aber nicht sich selbst; lieben, aber nicht zu sehr. Sie führen ein Leben der Halbheiten und Kompromisse.

Diese Fehlentwicklung kann nicht ernst genug eingeschätzt werden; denn an ihr liegt es, daß so viele Menschen keinen Unterschied mehr zwischen Christen und Nichtchristen zu erkennen vermögen. Glaube ohne Heiligung wird unglaubwürdig.

– *Die einzig richtige Entscheidung ist: Mich Gott total zur Verfügung stellen; ihm wirklich auf allen Wegen folgen und ihn lieben aus ganzem Herzen, von ganzer Seele, mit allen Kräften. Fangen wir heute damit an!*

7. Nachfolger Jesu sollen belebend wirken.

Das Leben vieler Christen wirkt eher lähmend. Sie sind im Liberalismus erstarrt oder haben sich von der Selbstzufriedenheit gefangennehmen lassen. Fehlende Erfahrungen mit Gott, das Sichdrehen um sich selbst, unvergebene Schuld, Mangel an Erbarmen, Vertrauen, Demut und Dankbarkeit wirken sich verheerend aus.

Diese Lähmung kann nur überwunden werden durch anhaltendes Gebet. Wir müssen es auch wieder neu lernen, in Erwartung zu leben, mit Jesu Handeln heute zu rechnen. Dann werden wir auch erfahren, daß Jesus mit uns auf dem Weg ist; dann bricht Neues auf, werden Probleme gelöst. Wo durch veränderte Menschen Lebenslagen sich ändern, wird die Nachfolge Jesu anziehend.

- *Richtig entscheiden wir uns hier, wenn wir uns durch Gottes Geist wieder in Bewegung bringen lassen zu unserem Nächsten hin und nicht warten, bis dieser auf uns zukommt.*

8. Unser sozial-diakonisches Engagement ist gefordert.

Wir sind gerufen, uns mit ungeteiltem Herzen dem notleidenden Menschen zuzuwenden. Dabei müssen wir ihn in seiner Gesamtpersönlichkeit sehen. Jesu Aufforderung »Liebe deinen Nächsten wie dich selbst« findet ihre Erfüllung im Gehorsam jenem anderen Wort Jesu gegenüber: »Was ihr einem von diesen meinen geringsten Brüdern getan habt, das habt ihr mir getan« (Mt 25,40).

Dabei ist allerdings zu beachten, daß nur ein von

Christus ergriffener Mensch wirklich richtig motiviert ist in seinem Handeln. Viele der heutigen sozialen Leistungen sind bloß humanes Handeln; man sieht nicht, daß dem *ganzen* Menschen – in Leib- *und* Seelsorge – geholfen werden muß. Den Menschen wirklich helfen kann nur, wer zuvor Jesu Hilfe an sich erfahren hat. Wer nicht durch die Macht Christi verändert wurde, der kann auch keine Gesellschaft auf Dauer positiv verändern.

– *Wir können Evangelisation und Diakonie nicht gegeneinander ausspielen. Richtig stehen wir dann, wenn wir im evangelistisch-missionarischen und im sozial-diakonischen Einsatz stehen – und zwar einzig und allein motiviert von Jesus Christus, inspiriert durch Gottes Heiligen Geist und Gottes Ehre suchend.*

9. Nachfolger Jesu bedürfen der Schulung.

Es geht nicht an, daß Christen einfach so vor sich hinleben, ohne sich zu informieren, was in der Welt, in der wir leben, vor sich geht. Ob Nöte in der Familie, ob Einsame und Kranke, ob soziale Probleme oder Menschenwürde oder was auch immer – kein Lebensbereich ist unserer Verantwortung entzogen. Hellwach, mit offenen Augen und Ohren müssen wir unsere Tage durchleben – nicht in einem frommen Ghetto, sondern als Minderheit mit der Licht- und Salzkraft (vgl. Mt 5,13–16), die Jesus uns zugesprochen hat. *Er* hat uns beauftragt, nicht wir selbst. In *seiner* Vollmacht leben und handeln wir, nicht aus eigener Kraft.

– *Um im Glauben zu leben, bedarf es der Information und der Schulung. Auch dies geht nicht ohne Ge-*

meinschaft mit anderen gläubigen Menschen, die ebenfalls den Weg der Nachfolge gehen, in der Gewißheit, daß Jesus vorangeht.

Falls Sie jetzt Ihr Leben ganz neu Jesus Christus zur Verfügung stellen wollen, dann können Sie das folgende Weihegebet sprechen – in der Gewißheit, daß Gott es dem Aufrichtigen gelingen läßt.

> *Herr, mein Gott, ich bin nicht länger mein eigen, sondern dein!*
> *Stelle mich hin, wo du willst, und geselle mich zu wem du willst.*
> *Laß mich wirken, laß mich leiden, brauche mich für dich oder stelle mich für dich beiseite; erhöhe mich für dich oder erniedrige mich für dich;*
> *laß mich erfüllt oder laß mich leer sein; gib mir alles oder gib mir nichts.*
> *Ich übereigne alle Dinge aus freiem Willen und freudigem Herzen deinem Wohlgefallen und deinem Walten.*
> *Herr, mein Gott, der du heilig, allmächtig und ewig bist,*
> *Vater, Sohn und Heiliger Geist, du bist mein und ich bin dein.*
> *So soll es sein!*
> *Und das Gelübde, das ich auf Erden getan, möge im Himmel bekräftigt werden. Amen.*

(Nach John Wesley)

Schach der Hektik

»Das hektische Leben erschlägt fast meine Seele. Was kann ich dagegen unternehmen?«

Ein weiser Mann wurde einmal gefragt, wo seine Quellen lägen, da er so ausgeglichen und zufrieden sei und Geborgenheit ausstrahle. Seine Antwort kann uns helfen. Er meinte: »Wenn ich stehe, dann stehe ich! Wenn ich gehe, dann gehe ich! Wenn ich sitze, dann sitze ich! Wenn ich spreche, dann spreche ich!«
Da fiel ihm der Fragesteller ins Wort und sagte: »Das tu' ich doch auch. Was machst du denn noch darüber hinaus?« Wiederum sagte der Weise: »Wenn ich stehe, dann stehe ich! Wenn ich gehe, dann gehe ich! Wenn ich sitze, dann sitze ich! Wenn ich spreche, dann spreche ich!«
Wiederum unterbrach ihn der Fragesteller: »Aber das tu' ich doch auch!« Aber der Weise sagte zu ihm: *»Nein, wenn du sitzest, stehst du schon! Wenn du stehst, läufst du schon! Und wenn du läufst, bist du schon am Ziel!«*
Nachdenkenswerte Worte. Sie offenbaren etwas von der Ursache der Hektik auch im Leben eines Christen.

Wichtiges und Eiliges

Vielen fällt es so schwer, zur Ruhe zu kommen, weil sie das Wichtige vom Eiligen nicht mehr zu unterscheiden vermögen.
Auch wenn heute alles eilig erscheint, wichtig ist die Stille vor Gott. Die Frage nach dieser Stille ist in erster Linie eine Frage der Selbstdisziplin hinsichtlich des Umgangs mit unserer Lebenszeit. Das Problem heißt nicht so sehr: keine Zeit! Wenn wir der Sache auf den Grund gehen, müssen wir ehrlicherweise sagen: falsche Maßstäbe!
Machen wir uns bewußt: jeder Tag bringt uns 24 Stunden = 1440 Minuten = 86400 Sekunden. Das ist unser Leben! Das ist unser Kapital. Wir können nicht darüber bestimmen, aber darüber verfügen! Wir führen uns selbst irre, wenn wir nicht genügend Zeit am Tag (2 Stunden?!) zum Gespräch mit dem investieren, der uns unser Leben = Zeit anvertraut.

Gott ist der Herr unserer Zeit

Es wird auf die Dauer schwer werden, ohne Gesprächsgemeinschaft mit ihm sinnvoll und verantwortlich mit der uns zur Verfügung gestellten Zeit umzugehen, so daß sie erfüllte und nicht nur gefüllte Zeit ist. Es ist meine persönliche Überzeugung: in dem Maße, wie wir zur Stille vor Gott finden, wird Vollmacht, Segen von unserem Leben ausgehen. Wer hier beginnt, neu oder zum ersten Mal Ordnung in sein Leben zu bringen, ist im Begriff, eine der folgenschwersten und weitreichendsten Entscheidungen seines Lebens zu treffen. Er überläßt die Begegnung mit Gott nicht mehr dem Zufall.

In der Stille vor Gott lernen wir wieder hören.

Aber nicht nur das! Wir lernen begreifen, wie wichtig
es ist, auch zuzuhören. Dadurch werden wir anderen
zum Segen. »Zuhören konnte er wie keiner. Die
Ohren waren ihm mit der Seele innig verbunden, so,
daß er keinen Laut allein mit den Ohren, sondern
immer mit der Seele aufnahm«, schreibt Martin Buber
im Blick auf einen gesegneten Menschen, den er
kennenlernte.

In der Stille vor Gott

können wir sein Angesicht im Gebet suchen. Nur so
verlieren wir ihn nicht aus den Augen und können
seine Augenzeugen bleiben. Dieser Augen-Blick wird
zur schöpferischen Pause für Leib, Seele und Geist.
Wir lernen, Prioritäten zu setzen, das Wichtige vom
Eiligen zu unterscheiden. Wenn schon Jesus die erste
Zeit des Tages dazu nutzte, sein Arbeitsprogramm
mit seinem Vater im Himmel abzusprechen, wieviel
mehr haben wir es dann nötig. Ich selbst muß mich
nicht nur zu Beginn eines Tages, sondern auch während des Tages daran erinnern lassen, wem ich letztlich verantwortlich bin.
*Es ist wichtig, zu erkennen, daß es weniger um die
Termine für Gott als um die Termine mit Gott geht!*
Und weil ich das weiß, ist Beten für mich vor allen
Dingen eine Veranstaltung meines Willens und nicht
so sehr eine Sache meiner Gefühle. Im Gespräch mit
Gott habe ich teil an seinem Leben. Das macht mein
Leben sinnvoll und damit reich.
Ich weiß: Die wertvollsten Stunden meines Tages sind
die im Gebet. Darum investiere ich an dieser Stelle
viel Zeit! Sie auch?

Schöpferische Pause

In einer Zeit, da Betriebsamkeit die Seele zu erschlagen droht – wo Hauptamtliche von einer Sitzung zur anderen jagen, Gemeinden in der Gefahr stehen, einem Aktionismus zu verfallen, viele Christen eine Freizeit nach der anderen konsumieren – gilt es, bewußt Wege zum inneren Gleichgewicht, zum Frieden und zur Stille zu suchen, zu finden und dann auch zu gehen.

Einige Überlegungen zur persönlichen Hilfe:

– Haben meine Termine mit Gott Vorrang vor den Terminen für Gott (Mk 1,29–39)?
– Sind meine Termine für Gott mit ihm vorher abgesprochen (Apg 9,6)?
– Liegt vor meinen Aktionen die innere Sammlung (Lk 10,38–42; 25–37)?
– Hat »alles seine Zeit« in meinem Leben (Pred 3, 1–8)?
– Ist mein Leben geprägt von Erfolg oder von Frucht (1 Kor 13,1–3; Gal 5,22; Joh 15,1–8)?

Stille vor Gott als Brunnen des Lebens!

Sechs Worte – sie kommen aus dem Lateinischen – können verdeutlichen, worauf es ankommt, wenn wir vor Gott stille werden wollen:

Silentium = Stille
Weil Lärm und Hektik das betende Nachdenken
stören, wollen wir bewußt die Ruhe und Stille suchen,
in der wir ungestört über der aufgeschlagenen Bibel
nachdenken und beten können.

Meditatio = sinnendes Nachdenken
Wir horchen hinein in die Sprache der Natur, sinnen
nach über die Aussage eines Bildes, überdenken
biblische Aussagen. Bleistift und Papier können uns
helfen, gewonnene Einsichten festzuhalten. Übri-
gens: Zeitdruck erstickt solches Nachdenken.

Inspiratio = Einfall, Einhauchung, Inspiration
Plötzlich erfahren wir beim betenden Nachsinnen, wie
neue Gedanken aufbrechen, uns festhalten, den geistigen und geistlichen Horizont erhellen. Gott redet.
Wir haben nicht umsonst gelauscht. Manche Lebenslagen sehen wir unter ganz neuen Gesichtspunkten.
Sie werden in ihrer Zuordnung einsichtiger, klarer,
überschaubarer.

Visio = Schau
Wer einen Berg besteigt, bekommt nach und nach
einen Rundblick; vorausgesetzt freilich, daß keine
Nebelwand die Sicht versperrt. Die Bibel ist durchaus
mit einer Berglandschaft vergleichbar. Da gibt es
Hügel und stille Täler, aber auch Felswände und
einsame Berggipfel. Wenn Gott uns beim betenden
Nachdenken mit einer geistlichen Schau beschenkt,
erkennen wir, wie einzelne Teile dieser Landschaft –
einzelne biblische Aussagen – einander zugeordnet
sind. Damit es zu dieser Schau kommt, müssen wir
dafür sorgen, daß gewissermaßen die »Nebelwände«
der Selbstsucht und des Eigensinns verschwinden.

Missio = Sendung, Auftrag
Bei einer solchen Schau empfangen wir klare Weisungen, bekommen wir Aufträge, hören Befehle, erleben Sendung. Gott sagt uns, was wir zu tun und zu lassen haben, »...ob's etwa Zeit zu streiten, ob's Rasttag sei...«

Passio = Leiden
Wer immer bereit ist, Gottes Aufträge zu erfüllen, weiß, daß pünktlicher Gehorsam gegenüber den Weisungen unseres Herrn Jesus Christus auch mit Verzicht, Gefahren, Opfer – kurz: mit Leiden verbunden ist. Missio und Passio – also Auftrag und Leiden – gehören zusammen. Das zeigt das Leben Jesu; das wird in der Kirchengeschichte erkennbar; das erlebt jede Gemeindegeneration neu. Und: die Erfahrungen, die wir dabei machen, haben ihren Eigenwert. Wir können sie sonst nirgends sammeln. So können sie besonders wertvoll werden.

Konsequenzen:

Mir ist nach langem Nachdenken und Beten (1 Thes 4,11) neu klargeworden, daß Korrektur und Kursänderung nur dann Wirklichkeit werden können, wenn dem »In-die-Stille-Gehen« ein »In-sich-Gehen« mit Konsequenzen vorausgeht.
So sah ich nach 16 Jahren der Gestaltung von Sendungen und Sendereihen den Zeitpunkt gekommen, mich für ein Jahr vom Mikrofon zurückzuziehen (Juli 85– Juli 86). Ich wollte bewußt eine schöpferische Pause einlegen, um geistlich neu aufzutanken. Ich wollte mich durch Gottes Wort und Geist, in umfassenderer Stille als bisher, neu beschenken lassen, um dann auch wieder weiterschenken zu können.

Gebet:

»Ich hab' einen Wunsch, den will ich dir sagen:
laß mich, Herr, in den kommenden Tagen
Zeit haben für dich, Zeit haben für mich,
Zeit haben für die andern, die mit mir wandern
den Lebensweg.
Und darf ich noch eine Bitte wagen:
ich will meinen Becher zur Quelle tragen,
zur ewigen Quelle bei dir.
Füll' du mir meinen leeren Krug;
denn du hast Zeit,
du hast Zeit genug; und segne mich
und mein Leben mit Ewigkeit!
Und mach' mich stille durch dich
zum Einkehrhalten, zum Händefalten,
zum Sammeln, Sinnen, zum Sichversenken;
denn dann erst kann ich mich weiterverschenken.
Mach mich für dich und die andern bereit.
Herr, gib mir Zeit!«

(Käthe Stahlberg-Hoffmann)

Nimm dir Zeit und nicht das Leben

»Gibt es praktizierbare Hilfen zum Umgang mit Streß, gerade auch in der Gemeinde?«

Der Götze Leistung

Wir alle kennen das Problem: wir haben unser Soll zu erfüllen, aber eigentlich fehlt die nötige Zeit dazu. Alles muß schnell gehen, möglichst schon gestern fertig sein. Das bringt Hektik mit sich und diese wiederum Abgespanntsein, Überreizung, Müdigkeit. *Arbeitsüberlastung* – das scheint das Hauptproblem unserer Zeit zu sein.

Aber es scheint nur so! Denn das eigentliche Problem ist nicht so sehr die Arbeit, sondern *der Verlust der Ruhe, der schöpferischen Pause.* Wir vergessen, daß das Konto unserer Kraft jeden Tag neu bereichert werden muß, wenn es nicht ständig überzogen werden und am Ende der Ruin stehen soll.

Die wenigsten von uns wollen das zugeben, und auch mir ging es lange so. Es warten ja so viele Dinge auf uns, die »eilig« sind. Stehen wir vor der Wahl, eine schöpferische Pause einzulegen oder »eben noch« dies oder das zu erledigen, dann entscheiden wir uns für das letztere. Hier noch ein Brief, da noch ein Anruf, schnell noch der Abwasch ... und dann ist der Tag vorbei, und man hat wieder einmal keine Ruhe gefunden.

Hier ist eindeutig festzuhalten: *Wir opfern dem Moloch Leistung, nicht dem Moloch Zeit!* Wir opfern ihm

44

unsere Zeit, Kraft, Gesundheit, Ehe, Familie und vielleicht auch noch unseren Gott. *In diesem Leistungszwang kommt immer wieder der fehlgesteuerte Wille des gefallenen Menschen, sich selbst zu erlösen, zum Ausdruck.*
Man sollte weniger vom Streß reden, als vielmehr diesen Opferkult durchschauen. Das ist der erste Schritt zur Bewältigung. Der zweite besteht darin, aus dem Erkannten Konsequenzen zu ziehen; denn »was nicht zur Tat wird, hat keinen Wert«.

Was mache ich mit meiner Zeit?

Was ist – im negativen Sinne – Streß? *Streß ist die Form des Arbeitens, die nicht aus der Stille vor und der Konzentration auf Gott kommt.* Gott lädt uns nämlich ein zur Stille. Er lädt uns ein in seine Gemeinschaft. Wir sollten uns bewußt machen, daß Gott der Herr der Zeit ist. *Er* gibt uns unsere Tage, Stunden, Minuten, Sekunden. Mir wurde das erschreckend klar in der Nacht meines Herzinfarktes. Gott *bestimmt* über unsere Zeit. Wir können lediglich über sie *verfügen.*
Dieses Verfügen aber ist eine große Verantwortung. Wir können die Zeit totschlagen, verplempern. Wir können sie aber auch sinnvoll ausfüllen. Es ist Weise, so wie der Psalmist zu beten: »Ich aber hoffe auf dich und sage: Meine Zeit steht in deinen Händen« (Ps 31,15–16).
Gott hat Anspruch auf unsere Zeit. Er erwartet uns jeden Tag zur Audienz. Reservieren wir ihm doch Zeit dafür! Diese Zeit muß immer wieder neu erkämpft werden; durch keine noch so scheinbar wichtigen Dinge dürfen wir sie verdrängen lassen.

Wer die Stille vor Gott verliert, arbeitet im Grunde umsonst. »Gott sprach zu ihm: Du Narr, in dieser Nacht wird man deine Seele von dir fordern, und wem gehört dann das, was du gearbeitet hast? So geht es dem, der sich Schätze sammelt und nicht reich ist in Gott« (Lk 12,20).

Eins ist not

Warum betrachten so viele Menschen die Zeit mit Gott als zweitrangig? Weil sie da nichts »leisten«? Weil sie dem Nächsten nichts »nützt«? *Wenn wir es nicht fertigbringen, stille Zeit zur Konzentration auf Gott zu finden, werden wir auch nicht mit dem Rest unserer Zeit sinnvoll umgehen können.* Denn aus der Stille vor Gott werden unsere Gedanken inspiriert und unsere Entscheidungen beeinflußt.

Meines Erachtens stehen im Neuen Testament die beiden Berichte vom barmherzigen Samariter und von Maria und Martha nicht umsonst direkt hintereinander (Lk 10,29–42). Die Geschichte vom Samariter endet mit den Worten: »Geh hin und tu desgleichen.« Hier geht es um Aktivität. Doch gleich darauf liegt der Tenor auf dem »Eins ist not« – auf dem Hören, auf der Stille vor Gott. Keine sinnvolle Aktivität ohne schöpferische Ruhe!

In Offb 12,12 heißt es: »Der Teufel weiß, daß er keine Zeit hat.« Gott dagegen hat die Ewigkeit, die Fülle der Zeit. Wenn unsere Zeit in Gottes Händen steht, dann haben wir Anteil an dieser Fülle; dienen wir dagegen dem Moloch Leistung, dann ist in unserem Leben der Teufel am Werk. *An unserer Bewältigung des Leistungsprinzips zeigt sich, ob der Teufel oder Christus der Herr in unserem Leben ist.*

Gott will, daß wir ihn fragen: »Herr, was willst du, daß ich tun soll?« und dann seine Antwort mit ganzem Einsatz ausführen. Er will nicht, daß wir mehr tun, als in unseren Tag hineingeht. Wenn wir immer in Zeitnot stehen, dann kann das daran liegen, daß wir eben nicht nach Gottes Willen leben, sondern nach unserem Willen; das kann sogar ein sehr »frommer Wille« sein.

Auch ich stand in meinem Leben eine Zeitlang unter einem solchen frommen Leistungsdenken. Meine Zeit war randvoll ausgefüllt mit beruflichen Verpflichtungen, und manchmal überlegte ich, ob es nicht besser gewesen wäre, nicht zu heiraten – um »unbeschwert ganz für Gottes Sache da sein zu können«. Erst nach dem totalen Zusammenbruch meiner Kräfte erkannte ich meinen Leistungsgötzendienst. Durch das Wort Gottes, Gespräche mit gereiften Christen und das Wirken des Heiligen Geistes konnte ich dann zur Therapie übergehen und mein Leben ändern.

An dreizehn Punkten will ich deutlich machen, wie diese Veränderung aussah. Sicher können diese Punkte auch Ihnen helfen.

Therapie für Gestreßte

1. Der Terminkalender war zu einer Stütze meines Selbstbewußtseins geworden – eine sehr brüchige Stütze.

   Therapie: Mehr Stille vor Gott. Ich suche ihn täglich mehrmals bewußt »von Angesicht« und »verliere ihn somit nicht aus den Augen«. Damit kann ich sein »Augenzeuge« bleiben.

Merksatz: Weniger Termine für Gott – mehr Termine mit Gott!

2. Ich hatte mir selbst, zum Teil aus egoistisch-frommen Motiven, Termine für Gott gesetzt.
Therapie: Herr, lehre mich in Demut wandeln, ganz ohne Stolz, ohne eitlen Ruhm. Mein frommes Ich mußte sterben, um mehr geistlichen Einfluß zu gewinnen.
Merksatz: *Weniger Publicity – mehr geistlicher Einfluß.*

3. Ich hatte mir Termine von anderen Menschen diktieren lassen, ohne mich im Gespräch mit Jesus zu vergewissern, daß er sie bestätigte.
Therapie: Herr, lehre mich Nein sagen! Sonst fange ich an, über dich zu reden, eventuell sogar gut und gekonnt, habe aber nichts mehr zu sagen, weil mir die Vollmacht fehlt.
Merksatz: *Vollmacht statt Ohnmacht.*

4. Ich sagte zu viele Verpflichtungen im voraus zu. Dann kamen noch unvorhergesehene dazu, die ich nicht absagen konnte.
Therapie: Herr, lehre mich verantwortungsbewußte Planung, wobei ich ganz bewußt freie Zeit, nicht leere Zeit mit einplane.
Merksatz: *Nicht gefüllte Zeit – erfüllte Zeit.*

5. Ich hatte im Unbewußten einen Stachel, der mich zum Dienst antrieb, als könne ich Gott etwas bringen.
Therapie: Herr, lehre mich erkennen, daß du alles

vollbracht hast, und ich nichts mehr zu
vollbringen habe.

Merksatz: *Nachfolge Jesu ist kein Leistungszwang.*

6. Ich hatte die irrige Vorstellung, wenn das Leben
Pflichterfüllung – auch unter frommen Vorzeichen – sei, wäre es Gott wohlgefällig.

   Therapie: Herr, befreie mich vom Gesetz der
   Frömmigkeit, und laß mich ganz unter
   die Herrschaft deines Geistes kommen
   und damit zur Freiheit der Kinder
   Gottes.

   Merksatz: *Befreiung – nicht Beengung.*

7. Ich bekam ein schlechtes Gewissen, das ich zu
verdrängen suchte, weil ich kaum noch Zeit für
meine Frau und unsere Kinder hatte.

   Therapie: Herr, lehre mich, meinem Allernäch-
   sten zu dienen, denn was ich im engsten
   Lebensraum, meiner Familie nicht rea-
   lisiere, das steht unter einem schlechten
   Vorzeichen im nächstgrößeren Lebensraum. Was ich nicht mit den Meinen
   einübe und praktiziere, kommt später
   bei ihnen nicht zum Tragen und fehlt.

   Merksatz: *Vitalität liegt im bewußten Einplanen
   von gemeinsamem Essen, Spielen, Mu-
   sizieren, Basteln, Lesen, Gespräch.*

8. Ich verlor mit der Stille auch mein Leben, denn ich
wurde rastlos und krank.

   Therapie: Herr, lehre mich, daß Leben mehr ist
   als immer auf Achse sein. Auch du hast
   geruht, dich vor einem neuen Auftrag
   gesammelt.

Merksatz: *Vor der Sendung liegt die Sammlung.*

9. Ich meinte, bei allem dabeisein zu müssen; so wurde manches zweitklassig.

   Therapie: Herr, lehre mich, daß unter dem Leistungszwang mein Zeugnis für dich in Wort, Werk und Wesen fragwürdig und oft mangelhaft wird.

   Merksatz: *Qualität statt Quantität.*

10. Ich plante oft, ohne die Kosten vorher zu überschlagen.

    Therapie: Herr, lehre mich bewußt nachdenken, überdenken, auch bedenken, besonders das Wort: »Wenn der Herr will und wir leben« (Jak 4,15).

    Merksatz: *Erst denken und beten, dann planen und handeln.*

11. Ich meinte oft, ich müsse alles allein machen, weil es dann schneller und gleich richtig erledigt sei.

    Therapie: Herr, lehre mich erkennen, daß auch andere begabt sind und ich Verantwortung delegieren muß.

    Merksatz: *Nicht ich – wir.*

12. Ich litt darunter, daß andere mehr leisteten als ich. Das übte Zwang auf mich aus und trieb mich in unfruchtbare Hektik.

    Therapie. Herr, lehre mich, daß du mich kennst und liebst, daß ich nur meiner Befähigung leben muß und nicht so zu tun brauche »als ob«.

    Merksatz: *Jeder Mensch ist vor Gott wert geachtet als Persönlichkeit.*

13. Ich kannte keinen Feierabend mehr. Auch zu Hause ging es mit der Arbeit, und zwar mit derselben Arbeit wie am Tag, weiter.

Therapie: Herr, lehre mich, daß es Zeiten der Ruhe und Zeiten des Wirkens gibt; einen Feierabend und einen Arbeitstag; einen Sonntag und einen Werktag.

Merksatz: *Alles hat seine Zeit.*

Geschenkte Zeit

Auch wenn mir ein Großteil meiner Verpflichtungen von außen her vorgegeben ist, soll und kann ich doch über meine Zeit verfügen. Ich kann zu einer Veranstaltung gehen oder zu Hause bleiben. Ich kann schwarz arbeiten bzw. einen zweiten Beruf ausüben oder aber mit dem, was ich verdiene, zufrieden sein. Ich kann in zwei Hauskreise gehen oder mit einem zufrieden sein. Ich kann den angebotenen Posten annehmen oder ablehnen. Wir sind dazu berufen, unsere Zeit zu verwalten – und nicht, ihre Sklaven zu sein.

Wenn ich meine Zeit nicht nur mit Leistung fülle, heißt das noch lange nicht, daß ich sie vergeude. Ein Abend allein mit meinem Ehepartner, eine Spielstunde mit meinen Kindern, ein Besuch bei Freunden – dergleichen ist nicht überflüssig oder gar ungeistlich, sondern notwendig und sehr sinnvoll. Hier muß so mancher von uns umlernen.

Für mich gleicht heute das Leben einer Uhr, deren Zeiger ich nicht sehe; ich weiß nicht, wieviel Zeit meines Lebens bereits abgelaufen ist. Dieses Bewußtsein hilft mir, den Augenblick bewußter auszuleben, ja auszukosten. Qualität, nicht Quantität ist heute für mich entscheidend. Ich fülle meine Zeit nicht mehr nur mit Arbeit aus. Zeit, mein Leben, wurde mir neu geschenkt. *Der Leistungszwang macht dem Einüben einer gesunden Relation von Aktivität und schöpferischer Ruhe Platz.*

Mehr zu dieser Thematik im Buch des Autors »Mit Streß leben« (Hänssler-Verlag).

Das persönliche Bibelstudium

Hilfen zum persönlichen Bibellesen

Kaum ein Tag vergeht, an dem uns nicht Schrifttum verschiedenster Art ins Haus flattert: Tageszeitungen, Magazine, Illustrierte, kirchliche Blätter, Werbematerial, Bücher, Postsachen – und alles will gelesen werden! – Welchen Stellenwert nimmt Ihre Bibel dabei ein? Ich habe sie bewußt nicht in dieser Aufzählung genannt, denn sie ist einzigartig!

Warum die Bibel lesen?

- Sie gibt Zeugnis von Jesus, will zum Glauben führen (Joh 1,29; 5,39; 20,30.31; Röm 10,17).
- Sie läßt im Glauben wachsen (Mt 4,4; 1 Petr 2,2; 2 Tim 3,16–17; Hebr 4,12; Ps 119,105.162).
- Sie zeigt verbindliche Normen auf (2 Mo 20; Mt 7,24.25; 1 Tim 4,16).
- Sie hat das Ziel, zu einem Leben zu führen, das Gott verherrlicht (Mt 5,16; 2 Kor 3,3; 2 Thes 1,11).

»Dieses Buch kann man nicht lesen. Man kann es nur tun. Es ist kein Buch. Es ist eine Lebensmacht. Und es ist unmöglich, auch nur eine Zeile zu begreifen, ohne Entschluß, sie zu vollziehen« (Reinhold Schneider).

Wie die Bibel lesen?

- In äußerer Stille. Einen ruhigen Platz suchen (Lk 10,39)!
- Mit innerer Stille (Ps 62,2). Abschalten lernen durch das Aufschreiben der Gedanken, die mich umtreiben. Man kann sie »vergessen«, hat man sie notiert.
- Mit Gebet, Ehrfurcht und großer Erwartung (Apg 2,42; 2 Tim 3,16).
- Mit der Bitte um die Leitung des Heiligen Geistes (Joh 16,13).
- In der Bereitschaft, umzudenken, sich erneuern und korrigieren zu lassen (Röm 12,2).
- In Fürbitte, im Nachdenken, was Planungen und Entscheidungen betrifft (Ps 25,4).

  »Die geistliche Kraft in unserem Leben steht in einem genauen Verhältnis zu dem Platz, den die Bibel in unserem Leben und in unseren Gedanken einnimmt« (Georg Müller).

Gefahren beim Bibellesen

Die Bibel ist
- wichtiger als alle anderen Bücher, auch als »fromme« Literatur.
- in ihrem Zusammenhang zu sehen (auch heilsgeschichtlich; nicht Worte aus dem Zusammenhang nehmen; nicht an schwierigen Stellen hängenbleiben und aufgeben).
- kein Orakelbuch; kein Nachschlagewerk für alle Fälle des Lebens; keine Paragraphensammlung.

  »Die Bibel ist gegenüber anderen Büchern wie die Sonne im Vergleich mit jedem anderen Licht« (Martin Luther).

54

Methoden und Hilfsmittel zum Lesen der Bibel

- Abschnittweise: Lieber ein Bild genau ansehen als eine ganze Kunstausstellung schaffen, und es bleibt nichts hängen!
- Bibelleseplan: In 3–4 Jahren kommt man damit durch die ganze Bibel, die in bestimmten Themen behandelt wird.
- Fortlaufend: Man lernt die Bibel in ihren großen, geschichtlichen Zusammenhängen kennen.
- Bleistift:
  Wichtige Stellen anstreichen.
- Merkbuch:
  Wichtige Gedanken, Anmerkungen, Fragen festhalten.
- Buntstift::
  !/rot = neue Erkenntnis; ?/blau = Frage; –/schwarz = eigene Betroffenheit; :/grün = Anwendung fürs eigene Leben.
- Pozek-Methode: P-ersonen? O-rt? Z-eit? E-reignis? K-ern?
- Mikroskop-Methode: Ich wähle ein Wort aus, lasse es zu mir sprechen. Ich versuche, mir zu verdeutlichen, was das Wort konkret bedeutet, z. B. »Gott ist mein Vater«. Ich überlege: was heißt »Vater sein«?
- Gegensatzmethode. Z. B.: »Dein Wort ist meines Fußes Leuchte« : »Dein« – nicht irgendeines Menschen Wort, nicht die vielen Wörter, die ich im Fernsehen, Radio höre, in der Zeitung lese – nein, *dein* Wort! – »Wort« – im Wort ist der Herr gegenwärtig. Jesus wird das fleischgewordene Wort Gottes genannt. Das ist meine Leuchte. Es sind nicht Bilder, die ich sehe, auch nicht die Natur, die ich erlebe, nein, wirklich das *Wort* Gottes! »Ist« –

nicht nur »war« und nicht nur »wird«, sondern *ist*,
d. h. jetzt, hier und heute usw.

● Übersetzungsmethode: Das gelesene Wort, das mir
  im Moment vielleicht verschlossen ist, mit eigenen
  Worten aussprechen, es noch einmal so wiederge-
  ben, daß es auch der Durchschnittszeitungsleser
  versteht.
● Konkordanz: Parallelstellen beachten; einem Begriff, einem Wort durch die ganze Bibel nachgehen.
● Verschiedene Übersetzungen und Übertragungen
  benutzen; Lexikon zur Bibel; Atlas zur Bibel; Kom-
  mentare und Auslegungen.

  »Die Bibel ist ein Brief, den mein Gott mir hat
  schreiben lassen, wonach ich mich ausrichten
  soll und wonach mein Gott mich ausrichtet«
  (Johann Albrecht Bengel).

Wann die Bibel lesen?

● Regelmäßig (Apg 2,42); täglich (Ps 119,97); treu
  (Apg 17,11); . . . und nicht hin und wieder, wenn ich
  Lust habe!
● Am Morgen:
  Man ist noch unbelastet von den Mühen des Tages;
  man kann den Tag, der vor einem liegt, im Gebet
  überdenken;
  man kann Weichen Stellen für den Tag.
● Im Verlauf des Tages:
  Man kann neue Kräfte schöpfen; man kann Korrek-
  turen vornehmen; man kann sich neu ausrichten.
● Am Abend:
  Man kann danken für den Tag; man kann um Verge-
  bung bitten für Schuld und Versäumtes; man kann
  sich im Frieden Gottes zur Ruhe legen.

Der Segen des Bibellesens liegt in der Ausdauer. »Wer nicht lernen will, selbständig mit der Schrift umzugehen, der ist kein evangelischer (d. h. aus dem Evangelium lebender) Christ« (Dietrich Bonhoeffer).

Zum Nachdenken:

>»Bibellesen ist gut. In ihr das Vorrangige und Wesentliche zu finden ist zweimal gut. Wer sie auf der Suche danach liest, sonderlich die Worte und Reden Jesu, dazugenommen sein Leben, Leiden, Sterben und seine Auferstehung, der wird bald ihre ganz große Botschaft herausfinden: die Liebe, Gnade und Barmherzigkeit Gottes und seine berechtigterweise dazugehörige Forderung, den Nächsten zu lieben.«

Das persönliche Gebetsleben

Der an Jesus Christus gläubige Mensch ist Kind
Gottes und kann daher zu Gott sprechen: »Abba,
lieber Vater« (Röm 8,15). »Beten heißt, von Herzen
mit Gott reden« (Th. Spoerri).

Das Gebet ist:

- Das Reden des Menschen mit Gott (Ps 19,15);
- das Hören des Menschen auf Gott (Jes 50,4f);
- das Reden Gottes mit dem Menschen (Joh 10,27);
- das Hören Gottes auf den Menschen (Ps 4,4).

Lehrmeister des Gebets

ist Jesus Christus (Lk 11,1; Joh 16,13; 14,26). Er führt
durch den Heiligen Geist tiefer ins Gebetsleben ein
(Röm 8,28; Eph 6,18). Im Namen Jesu beten, nach
seinem Willen, ist erhörliches Beten (Joh 16,23).

Elemente des Gebets:

- Lobpreis und Anbetung. Ausdruck der Freude an
  Gott (Ps 28,7; 34,2.3; 103; Hebr 13,15).
- Danksagung. Nichts für selbstverständlich halten
  (Eph 5,20).
- Bitte. Gott erhört, wenn es dem Bittenden zuträg-
  lich ist (Ps 37,5; 55,17; Mt 7,7.8; 1 Petr 5,7).

- Fürbitte. Gebet für andere (1 Tim 2,1 ff.; 2 Kor 1,11).
- Buße. »Erkennen, bekennen, lassen, hassen« (Ps 139,23.24; 51; 19,13; 1 Joh 1,7–9).
- Hingabe. Lebendiges Ganzopfer (Röm 12,1; 2 Kor 5,15; Mt 16,24.25).

Formen des Gebets:

- Persönliches Gebet (Mt 6,6).
- Spontanes Gebet (Ps 50,14.15).
- Regelmäßiges Gebet (Dan 6,11).
- Ständiges Gebet (1 Thes 5,17).
- Stoßseufzer (Ps 34,7; Mt 14,30).
- Stundengebet (Apg 3,1).
- Liturgisches Gebet (Ps 107).
- Gebetsgemeinschaft (Apg 2,42).

Gebetshaltung:

»*Das Falten der Hände* erinnert einerseits an die Haltung eines Gefangenen, der sich auf Gnade und Ungnade ergibt, andererseits ist es ein Sinnbild der gesammelten Gedanken. Die *Gebärde des Kniens* ist der Ausdruck der Demut, die sich klein und niedrig fühlt vor Gott. Das *Niederschlagen der Augen* deutet in dieselbe Richtung. Wer die *Augen schließt,* möchte sich nicht durch die Eindrücke von außen ablenken lassen. Wenn die Gemeinde *aufsteht* zum Gebet, bekundet sie ihre Ehrerbietung vor Gott« (Apg 20,36; Eph 3,14; Phil 2,10; Dan 9,18).

Gebetszeit:

»Wie alles im menschlichen Leben, so lebt auch das Beten von einem doppelten Impuls: von der Freiheit und der Ordnung. Die natürlichen Einschnitte des Tages ... laden uns ein, durch kürzeres oder längeres Verweilen den zurückliegenden und den beginnenden Zeitabschnitt in Dank und Bitte vor Gott auszubreiten und mit ihm zu sprechen« (Ps 90,14; Jes 50,4; Mk 1,35).

Gebetsort:

Es ist hilfreich, an einem ruhigen Ort, wo der Betende ungestört bleiben kann, zu beten (Mt 6,6; Lk 5,16).

Hilfsmittel zum Gebet:

Das ganze Alltagsleben zum Gebet machen! Psalmen, Gesangbuchlieder, vorformulierte Gebete nachbeten. Fürbittenliste. Wird der Betende bedrängt von Anforderungen, die dringend zu erledigen sind, so kann er sie bewußt »ablegen« auf einem Notizzettel. Gebetstagebuch.

Zum Nachdenken:

»Nie sollte man sich durch den Mangel fühlbarer Freude vom ausharrenden Gebet abbringen lassen; im Gegenteil, die sicherste Regel ist die: je weniger Freude, um so nötiger das Gebet« (Georg Müller).

»Die zum Gebet investierte Zeit ist die am besten genutzte Zeit!«

»Zuweilen ist eine Zeit vertrauensvollen Wartens nötig, bis Gott erhört, weil der Zeitpunkt für die Erfüllung zuvor noch nicht reif ist.«

»Die Erhörung unserer Gebete gründet auf Gottes Zusagen, nicht auf unserem Gefühl. So dürfen wir zuversichtlich vor Gott treten.«

Hilfen für die Stille Zeit:

DIE MORGENANDACHT
  Lobpreis und Anbetung
  Bibellese und Textbetrachtung
  Bitten für den Tag
  Hingabe

DIE MITTAGSANDACHT
  Lobpreis und Anbetung
  Dank für erfahrene Durchhilfe
  Bitte um Vergebung
  Neuorientierung

DIE ABENDANDACHT
  Bibellese
  Rückschau auf den Tag
  Buße
  Heimkehr zu Gott
  Fürbitte, etwa für solche, denen der Beter begegnete
  Dank für Segnungen, neue Erfahrungen, Bewahrung und Bewährung
  Bitte um eine friedvolle Nacht.

Fragen zur Selbstkontrolle:

- Bete ich nur, wenn ich dazu aufgelegt bin?
- Gebrauch und Mißbrauch geschriebener Gebete?
- Welche Beziehung hat mein Gebet zum täglichen Leben?
- Wie gehe ich mit abschweifenden Gedanken um?
- Hängt meine mangelnde Erwartung mit unerhörten Gebeten zusammen?
- Ist mein Gebetsleben ichbezogen?
- Warum bete ich überhaupt?

»Das Gebet ist der Schlüssel am Morgen und der Riegel am Abend.«

»Wenn wir es wagen, oftmals des Tages vor Gott zu treten, dann muß sich unser Leben ändern« (Reinhold Schneider).

Das Gebet in der Frühe entscheidet für den Tag. »Vergeudete Zeiten, derer wir uns schämen, Versuchungen, denen wir erliegen, Schwächen und Mutlosigkeit in der Arbeit, Unordnung und Zuchtlosigkeit in unseren Gedanken und im Umgang mit anderen Menschen haben ihren Grund sehr häufig in der Vernachlässigung des morgendlichen Gebetes« (Dietrich Bonhoeffer).

»Gott loben, das ist unser Amt«

»Gott loben, das ist unser Amt.« Füllen wir dieses Amt aus? Ist das Loben ein fester Bestandteil unseres täglichen Gebets? Wir müssen feststellen, das Lob Gottes fehlt weithin in unserem Leben (persönliche Stille/Gemeinde).

Das hebräische Wort für »loben« *(jadah)* hat die Grundbedeutung »bekennen, bejahen, recht geben«, während in dem griechischen Wort *(doxazein)* »loben, preisen, rühmen, ehren«, aber auch »Herrlichkeit, Pracht, Ehre, Macht« enthalten sind. Das deutsche Wort *loben* hat die gleiche Wurzel wie »glauben, lieben, geloben, verloben«, aber auch »gutheißen«.

Gott loben ist die Bestimmung der ganzen Schöpfung

Das gilt:
- für alle Menschen (Ps 117,1; 100,1);
- für Himmel und Erde (Ps 69,35; 103,20–21);
- für alle Werke Gottes (Ps 103,22).
- Christen sollen zum »Lobpreis seiner Herrlichkeit dienen« (Eph 1,12; Phil 1,11).
- Lob Gottes soll mit dem ganzen Leben und in allen Dingen geschehen (1 Petr 4,11).
- »Wer Gott lobt, hat verstanden, worum es im Leben letztlich geht« (Eph 1,3–14).

Gott selbst ist die Mitte und das Ziel des Lobens

Echtes Lob ist Anbetung Gottes und sieht darum nur seine Herrlichkeit und Größe; es will einzig und allein ihn lehren. Alles Eigennützige und alle Hintergedanken (wenn ich dir diene und dich lobe, dann mußt du mir helfen) müssen wegfallen. Gott loben darf nie Selbstzweck sein, darum ist solches Lob auch ein Opfer (Hebr 13,15).

Echtes Lob ist Freude an Gott:
– einfach weil er da ist (Phil 4,5),
– weil er der ist, der er ist (2 Mo 3,14),
– weil er ein Vater aller ist, der über allen waltet, durch alle wirkt und in allen wohnt (Eph 4,6).

Inhalt des Lobpreises:

a) Gott loben für das, was er ist:
In den Psalmen wird Gott gepriesen als der Große, der starke König, der Schöpfer, der Hirte, der gerechte Richter, der Treue, der Gütige, der Barmherzige, der Geduldige usw. (Ps 95–100).

b) Gott loben für das, was er tat:
In diesen Bereich gehört die Schöpfung, aber auch der universelle Heilsplan Gottes und das Heilsgeschehen in Jesus Christus (Kreuz, Auferstehung, Himmelfahrt, Pfingsten, Wiederkunft).

c) Gott loben für das, was er tut:
Gemeint ist Gottes fortwährendes Wirken (im persönlichen Leben, in Familie und Nachbarschaft, in Kirche und Diakonie, unter den Völkern und Staaten).

Auswirkungen:

a) Loben erweitert den eigenen Horizont:
Beim Loben wird der Mensch losgelöst von sich, seinen Problemen und Empfindungen und hineingenommen in den weiten Horizont der Größe und Herrlichkeit Gottes. Neue Perspektiven tun sich auf.

b) Loben vertieft den Glauben:
Beim Loben öffnet sich der Mensch mehr als sonst für Gott und lernt ihn dadurch besser kennen, lieben und ihm vertrauen.

c) Loben gibt teil am Wirken Gottes:
Gott allein ist der Handelnde, aber der Mensch wird mit hineingenommen (Apg 16,25–26; 2 Chr 20,22; Jes 38,18–19; Hi). Solches Lob geht auch tiefer und wird zu einem Geschenk Gottes für jeden, der es erfährt (Sieg in Anfechtung, durchtragende Kraft im Leiden, Hi 1,21).
Gott loben ist nicht einfach machbar. *Gott schenkt das Loben:*
– wenn wir Zeit, Stille und Ruhe haben,
– wenn wir bereit sind, das Loben zu lernen und einzuüben (Ps 40,4).

Hilfen zum Loben:

1. Lob Gottes fängt da an, wo wir über Gott selbst staunen und uns an ihm und über ihn freuen.
2. Lob Gottes geht hervor aus dem Betrachten der vielgestaltigen Werke des Schöpfers (Ps 8).
3. Lob Gottes entsteht beim Nachdenken über seine großen Taten im Leben (Ps 103,2).
4. Lob Gottes läßt sich üben mit den Lobpsalmen der Bibel und den Lobliedern aus dem Gesangbuch.

Zum weiteren Nachdenken:

Was hindert das Loben in meinem Leben? Denke ich groß genug von Gott? Beeinflussen äußere Nöte mein Lob und ersticken es? Blockieren Schuld, Disziplinlosigkeit, Unverbindlichkeit und Zeitdruck mein Lob? Scheue ich mich, öffentlich Gott zu preisen und zu rühmen?

»Wer von ganzem Herzen Gott loben kann, dem schließt sich ein Wunder seiner Gnade nach dem anderen auf« (Bodelschwingh).

»Das Lobgebet vermag oft, was kein Bittgebet vermag: es reißt uns zuweilen plötzlich aus großen Nöten« (Löhe).

»Lob Gottes ist eine stille Macht, die mehr verändert, als wir denken« (Niesen).

»Wer Gott lobt, dient ihm doppelt.«

Worum geht es in der Fürbitte?

Grundsätzliches:

Nicht wenige Menschen haben in unseren Tagen
schwere Lasten zu tragen: Sorgen um Ehe, um Familie, Krankheit physischer und psychischer Art, Ängste
– um nur die fünf häufigsten Anliegen zu nennen, die
uns in Briefen und Gesprächen genannt werden.
Nicht selten wird in Verbindung damit um Fürbitte
nachgesucht, Grundsätzlich tun wir das auch in unseren Gebetsgemeinschaften zu Beginn unseres Ar-
beitstages, wenn uns konkrete Anliegen genannt worden sind.

Unsere Bedenken:

Wir sind einerseits erstaunt und erfreut über das
Vertrauen, das uns damit entgegengebracht wird,
indem man uns teilgibt an den persönlichen Nöten;
andererseits ist uns bange, weil wir manchmal den
Eindruck haben, daß unsere Hörer und Briefpartner
falsche Erwartungen haben. Manche meinen wohl,
wenn wir beten, sei das wirksamer, weil wir »bessere
Beziehungen« zu Gott hätten als die Gemeinde oder
sie selbst. Wie falsch ist solch ein Denken!

Unser Hinweis:

Die Fürbitte gehört
- zunächst ins eigene, persönliche Gebetsleben;
- dann in den Bereich der Familie, wenn Angehörige gläubig sind;
- dann in den Kreis der Gemeinde, die meine geistliche Heimat ist;
- dann in den weiteren Bereich der Brüder und Schwestern, die bereit sind mitzutragen;
- und dazu zählen auch wir uns als Mitarbeiter des ERF.

Das Wesen der Fürbitte ist...

- das der Stellvertretung (Dan 9,4 ff.; Mt 17,15; Joh 4,47). Der Beter erweist dem anderen einen einzigartigen Dienst (Hebr 2,17).
- das der Entlastung (Apg 12,5; Gal 6,2; Jak 5,16). Der Beter schlüpft unter die Last des anderen.
- das des Vermittelns (1 Mo 18,24; Lk 22,46). Der Beter macht das Anliegen des anderen zu dem seinen und sagt Gott, was dem anderen fehlt und was er braucht.
- das des Hinzubringens. Der Beter bringt den anderen oder die Sache unter den Einfluß des Geistes Gottes, damit Heil und Hilfe geschehe (Mt 8,5 ff.; Kol 1,9 ff.).

Fürbitte ist...

- Ausdruck der Selbsthingabe an Gott und darin auch der Selbstverleugnung. Die eigenen Interessen treten zurück (Est 4,8 ff.; Lk 23,34).

68

- das Fragen nach Gottes Willen und Wegführung und damit Beten im Namen Jesu (Joh 14,13; 16,24; Röm 15,30 ff.; Phil 1,9 ff.).
- ein Gebrauchsfähiger-gemacht-Werden des Bittenden von Gott für Gott. Der Beter kommt Gott dadurch näher, weil er intensiver mit ihm Kontakt hat, was sich in seinem Gottvertrauen positiv niederschlägt (Mt 15,22).
- ein Ringen, da der Beter an den Entscheidungskämpfen im unsichtbaren Bereich für oder gegen Jesus Christus teilnimmt (Kol 4,12; Eph 6,18 ff.).
- ein Sich-Beugen für den anderen zu seiner doch schließlich gemeinsamen Teilhabe an Gottes Reichtum für beide (Mt 18,19; Eph 3,4 ff.).

Fürbitte ...

- reicht in Gebiete hinein, in die keine menschliche Macht sonst dringt (Apg 12,5 ff.; 16,25).
- kann einer oder können mehrere üben, wobei Jesus auf das Einswerden im Gebet besondere Verheißungen gelegt hat (Mt 18,19; Mk 11,24; Joh 14,13; 15,7).
- birgt Überraschungen in sich, die unsere Vorstellungskraft übersteigen, weil Gott über Bitten und Verstehen antwortet (Eph 3,20).
- ist Grundlage, Erweiterung, Vertiefung und Ergänzung allen Dienstes (1 Tim 2,1).
- ist ein Dienst in sich selbst, der als solcher volle Befriedigung bringen kann (Phil 1,4).

Wir handhaben die Fürbitte falsch, wenn wir meinen...

- sie sei ein Instrument, durch das wir bei richtiger Bedienung automatisch das erwartete Resultat erzielen.
- je mehr Leute wir veranlassen, für andere oder eine Sache zu beten, desto schneller werde Gott antworten.
- wir könnten Gottes Arm schneller bewegen, wenn wir das Fasten dazunehmen.
- Gott *und* Fürbitte von uns und den anderen ergäbe die gewünschte Antwort.

Ziel der Fürbitte ist...

- mit Gott zusammen an einer Sache zu arbeiten (1 Kor 3,9). Nicht weil Gott es nötig hätte, sondern weil er es so will. Er will, daß der Beter darin seine Abhängigkeit von ihm bekundet und zeigt, daß er ihn liebt, ihn braucht, auf ihn angewiesen ist und glaubt, daß er in die Verhältnisse und das Leben von Menschen eingreifen kann, für die der Fürbittende im Gebet eintritt (Dan 9,18).
- den eigenen Glauben zu bewähren, im Vertrauen darauf, daß Gott groß und mächtig ist, etwas zu tun, was ich und andere erbitten. Es braucht Mut, ihn beim Wort zu nehmen, wenn er sagt. »Wenn ihr nur Glauben habt, werdet ihr alles bekommen, worum ihr bittet« (Mt 21,22). Denn welchen Sinn hat es sonst, um etwas zu bitten, wenn ich nicht glaube, daß Gott etwas tut?! Unschätzbarer Lohn wartet auf den treuen Beter: Gott hört das Gebet des Gerechten; und es vermag viel wenn es ernstlich ist (1 Petr 3,12; Jak 5,16).

70

- Ziel aller Fürbitte ist jedoch nicht in erster Linie die Erhörung des Gebetes, sondern daß Gottes Name groß und verherrlicht werde (Kol 1,3; Phil 1,3f.; Joh 14,13; 16,24; 2 Kor 1,11).

»Da kann man nur noch beten« – stimmt das?

Wir sitzen in einem Hauskreis zusammen. Ein Gemeindeglied spricht von den Erfahrungen der letzten Woche. Eine sogenannte ausweglose Situation ist dabei. Resignation klingt bei der Schilderung durch. Und dann fällt dieser Satz: »Da kann man nur noch beten!«

Da ist jemand unter Ausländern tätig. Es müßte konkret geholfen werden. Aber man sieht seine Möglichkeiten als erschöpft an. Was höre ich? »Da kann man nur noch beten.«

Da ist eine Ehe in eine verfahrene Lage gekommen. Die Partner haben Schwierigkeiten, miteinander auszukommen. Sie reden nicht miteinander. Die Ehefrau leidet darunter. Sie meint: »Da kann man nur noch beten.«

Der Sohn macht Schwierigkeiten. Er geht seine eigenen Wege. Die Eltern sind ratlos. Kommentar: »Da kann man nur noch beten!«

Beliebig könnte ich diese Beispiele fortsetzen. Gewiß haben auch Sie diesen Ausspruch schon gehört oder auch selbst in den Mund genommen.

Was heißt »nur noch«?

Was meint man eigentlich, wenn man sagt: »Da kann man nur noch beten«? Bei unserem Gespräch damals im Hauskreis haben wir diese Möglichkeiten festgestellt:

1. Zunächst wird damit ein Stück *Hilflosigkeit* ausgedrückt: meine Möglichkeiten sind erschöpft. Ich weiß nicht mehr weiter. Ich möchte gerne helfen und leide darunter, es nicht fertigzubringen.
2. Nicht weit von diesem Denken entfernt ist der *Kleinglaube.* Man stellt fest: ein hoffnungsloser Fall. Der Zweifel im Herzen ist dabei ein guter Nährboden, das Vertrauen, daß sich die Lage doch zum Guten wendet, völlig zu untergraben. So wird aus dem Kleinglauben nicht selten *Resignation.*
3. Es kann auch sein, daß mit diesem Satz »Da kann man nur noch beten« meine *Verantwortung,* etwas persönliches an Zeit, Kraft, Geld, Phantasie und Liebe einzusetzen, *einfach auf die Seite geschoben* wird. Viele bedenken dabei gar nicht, daß sie sich damit um durch nichts zu ersetzende Erfahrungen bringen.
4. Eigentlich ist dieser Punkt der tiefgreifendste. *Das Gebet wird abgewertet:* »nur noch« – als sei das der letzte Strohhalm. Welche Vorstellung herrscht da vom Gespräch mit Gott...

Nicht »nur noch«, sondern »immer«!

Ich hoffe, wir sehen es deutlich: mit dem »nur noch Beten« geht es nicht! Es geht darum, nicht erst, wenn einem das Wasser bis zum Hals, oder noch höher steht, zu beten. Dann heißt es mit Recht »nur noch«; dann glaubt man nämlich selbst kaum noch, daß tatsächlich eine Änderung zum Guten eintreten könnte.
Nein, unser Leben muß sich ganz auf dem Gespräch mit Gott aufbauen. Als mein Schöpfer und Erhalter will er auch als Gestalter in den ganz konkreten

Bezügen meines Lebens wirksam sein. »Von Herzen mit Gott reden« ist somit nicht Schlußpunkt für unbewältigte Angelegenheiten. Mit Gott sprechen bildet den Auftakt zur Bewältigung von Schwierigkeiten und zum Leben mit Konflikten. Das ist die solide Basis, von der aus alle weiteren Überlegungen ausgehen. Ein wesentlicher Leitsatz zur Gestaltung meines Lebens heißt:

»Erst beten und denken, dann planen und handeln.«

Zuerst beten ...

1. Zuerst beten! Damit bringe ich zum Ausdruck: »Herr, mein Gott, dir gehört mein uneingeschränktes Vertrauen, auch wenn ich meine Vorstellungen habe: so und so könnte es sein. Ich traue dir zu, daß du meine Sache zu der deinen machst, wenn sie in deinen Weg für mich paßt. Damit ist sie in guten Händen. Ich bin damit auf dem Weg all derer, die mit dir gute Erfahrungen gemacht haben, als sie dir uneingeschränkt vertrauten. Sie erlebten, daß denen, die dich lieben, alle Dinge zum Guten dienen. Herr, diese Gewißheit wünsche ich mir als Grund meiner Lebensgestaltung immer wieder.«

Das ist doch eine ganz andere Voraussetzung, Schwierigkeiten zu begegnen, wenn ich weiß: ich bin immer in Jesu, meines Herrn, Hand. Er vertritt meine Sache. Er will nicht nur hin und wieder um Hilfe gebeten sein, sozusagen als Nothelfer. Er will von Anfang an die Verantwortung übernehmen. Er will, daß ich ihn nicht erst zu Hilfe rufe, wenn die Angelegenheit schon völlig verfahren ist, sondern mit ihm alles anfange.

...und denken...

2. Überdenken der mich bewegenden Fragen. Ich weiß mich mit Gott im Bunde, der mich kennt, versteht und vor allem mich liebt und für mich ist. Ich kann also damit rechnen, wenn ich mit ihm zusammen überlege, daß sein Geist mich inspiriert, mich leitet in meinen Überlegungen. Denn mein Geist bedarf ja der Erleuchtung, um seinen Willen zu erkennen. Ich will Zusammenhänge erkennen, den nächsten Schritt sehen, begreifen, wo Entscheidungen fällig sind oder wo ich mich in Geduld üben muß.

Diese personale Beziehung zu Jesus Christus als meinem Berater und Herrn ist mir unersetzbar geworden. Daraus hat sich nämlich eine Lebens- und Glaubenshaltung entwickelt, die ich einmal so formulieren möchte: Ich bin davon überzeugt, daß Gott mein Gespräch mit ihm hört und zur Kenntnis nimmt; daß er darauf eingeht, wenn die Erhörung meines vorgebrachten Anliegens für mein Leben bzw. für das anderer oder die Gegebenheiten gut ist.

Das heißt aber nicht, daß ich dieses Vertrauen als unverlierbaren Besitz im Griff hätte. Es ist vielmehr so, daß es abhängig ist von meinem Umgang mit Jesus: ob ich genügend Zeit zum Gespräch mit ihm, zum Kennenlernen seiner Person, seiner Gedanken und Wege, zum Lesen der Bibel investiere. Da bestehen kausale Zusammenhänge. Auch, ob ich immer wieder bereit werde, Erkanntes mit Jesu Hilfe gehorsam zur Tat werden zu lassen, mich also in eine Verhaltensweise einübe, die von Jesu Prinzipien geprägt ist, vor allem eben von seiner Liebe. Dazu gehört unumgänglich Disziplin, Training.

75

3. Dem Überlegen, dem Bedenken soll das Planen folgen. Da geschieht nichts in eigener Regie. Ich will bewußt unter Jesu Führung bleiben, in Abhängigkeit von ihm mein Leben gestalten. Denn er ist es ja, der alle Vollmachten von Gott übertragen bekommen hat für den Himmel und für die Erde. Also ist es nötig, zu ihm gute Beziehungen zu haben.

> *Eine Anmerkung zu dem Stichwort »Gute Beziehung«:* Sie kann nur gestört werden durch Sünden. Und Sünden sind die Folge von Ungehorsam, von Rebellion Gottes Willen gegenüber – wo ich mich einfach über seine Anweisungen hinwegsetze oder gar nicht erst danach frage, was er will. Das braucht nicht vorzukommen. Geschieht es doch, sollte ich keine Zeit verlieren, es wieder in Ordnung zu bringen (um Vergebung zu bitten).

Zurück zum Planen: Zunächst geht es darum, den »Ist-Stand« festzustellen, also *Bestandsaufnahme* zu machen.

Dann: *Welche Möglichkeiten* stehen offen? Das gilt es ganz nüchtern und sachlich durchzugehen. Dabei kann man ruhig verschiedene Alternativen durchdenken. Wenn es Ihnen eine Hilfe ist – mir ist es oft eine – dann nehmen Sie sich Bleistift und Papier zur Hand und schreiben Sie sich die verschiedenen Alternativen auf.

Wägen Sie dann ab: Was kommt bei den verschiedenen Plänen heraus? Teilen Sie das Ergebnis wiederum im Gespräch Jesus mit. Fragen Sie, was er davon hält. Er möchte Ihnen durch seinen Geist, durch andere Menschen oder Begebenheiten zeigen, wie es weitergehen soll. Sie werden nicht umsonst Rücksprache halten.

...und handeln

4. Und dann haben Sie den Mut, den nächsten Schritt zu tun und zu handeln. Oft geht es um einen Schritt des Gehorsams, wobei alle Feigheit, alle Angst, alle Unentschlossenheit zurückzustehen hat. Ich bin davon überzeugt – es ist meine persönliche Glaubenserfahrung –: wenn Ihre Motivation sauber ist, ohne eigensüchtige Hintergedanken, können Sie ganz getrost handeln und vorwärtsschreiten. Sie fallen nicht rein, auch wenn Ihre Entscheidung unwissend verkehrt sein sollte; Jesus wird Ihnen daraus keinen Strick drehen. Er wird Ihnen helfen, denn Sie haben ja nichts in eigener Regie unternommen. Ich finde, das ist eine wunderbare Geborgenheit, aus der die notwendige Gelassenheit kommt, um in Ruhe handeln zu können. Da heißt es dann nicht mehr: »nur noch beten«. Da ist Beten das Gespräch mit Jesus, ein ganz aktives Handeln.

Beter sind Wundervollbringer

Ziehen wir die Konsequenzen: Streichen wir den Satz »Da kann man nur noch beten« aus unserem Reden und Denken. Er hat eine destruktive Kraft. Wir haben nicht mit einem »nur noch« zu tun, sondern mit der Gewißheit: Das Gebet des Gott vertrauenden Menschen ändert Lebenssituationen. Gott läßt mit sich sprechen. Er weiß den Weg für uns.
Halten wir uns an ihn und damit an seine Instruktio-

nen: Aufgrund dieses Vertrauens werden bisher nicht ausgeschöpfte Kräfte unseres Glaubens mobil. Das Gebet ist unersetzbarer Bestandteil unseres Lebens mit Gott und unserer darauf aufbauenden Lebensführung. Es heißt dann nicht mehr: »nur noch«. Es heißt dann: Beter sind Wundervollbringer! Denn Wunder sollen ja die Menschen schauen, die sich auf Jesus von ganzem Herzen verlassen und seinem Wort uneingeschränkt vertrauen.

Zurück zu den eingangs erwähnten Beispielen. Wie ging bzw. geht es weiter? Arbeit unter Gastarbeitern: Uns wurde klar, daß einige Telefonate geführt werden mußten; außerdem galt es, in die Tasche zu greifen und etwas über den Zehnten hinaus zu tun.
Die verfahrene Ehe: In diesem Fall arbeiten wir weiter miteinander. Die jungen Leute haben sich ermutigen lassen, einen gläubigen Eheberater aufzusuchen. Sie sind dabei, zu lernen, daß gegenseitiges Aufrechnen der Fehler zu nichts Gutem führt. Hilfreich ist vielmehr, einander zu sagen, was einem am andern nicht gefällt, und einander zu vergeben. Hier lernen sie zur Zeit.
Der Sohn macht Schwierigkeiten: Die Eltern lernen, sich ohne Vorurteil für ihren Sohn zu interessieren. Sie investieren Zeit, um ihn und seine Interessen kennenzulernen und damit sein Verhalten und Denken. Sie bemühen sich aufrichtig, ihre Meinung nicht mehr ihm überzustülpen. Der Sohn reagiert mit ersten Schritten neuen Vertrauens zu den Eltern. Seine Aggressivität ist geringer geworden.
Es stimmt: Beter sind Wundervollbringer. Sagen wir nie: »Da kann man nur noch beten«, sondern lieber: »Da hilft allein Gebet!«

78

Vom Segen

»Ich will dich segnen, und du sollst ein Segen sein«
(1 Mo 12,2).
Das Wort *Segen* erinnert an »Signieren«, »Signum«,
also Zeichen. Gesegnete sind von Gott beschlag-
nahmte Menschen.

Im Alten Testament

wird Segen vor allem als äußerer Wohlstand ver-
standen:
– Anteil haben an den Gütern Gottes. Dazu gehört
  die Fruchtbarkeit des Ackers, die Vermehrung des
  Viehs, der Erfolg bei der Arbeit, eine zahlreiche
  Nachkommenschaft und damit die Gewißheit über
  den Zukunftsaspekt des eigenen Lebens (1 Mo
  26,12; 5 Mo 33; 1 Mo 49).
– Sich geführt wissen im Auf und Ab des Lebens
  (1 Mo 32).
– Frieden empfangen, d. h. Heilsein des Lebens
  (Ps 29,11; 85,9 f.).
– Sieg und Überlegenheit über die Feinde erhalten
  (1 Mo 24,60).
– Bewährung in der Anfechtung (Hi 1,6 ff.).
(Vgl. weitere Stellen in der Konkordanz unter »Se-
gen« und »segnen«.)

Im Neuen Testament

finden wir das Wort *Segen* oder *segnen* nicht so oft,
aber doch die Sache. Es geht darum, daß Gottes

79

Wirklichkeit im Leben eines Menschen zum Tragen kommt. Segen und segnen ist das Mitteilen und Weitergeben von Kräften, die ihren Ursprung in Gott und nicht in dieser sichtbaren und machbaren Welt haben (Eph 1,3).

Ein Gesegneter

ist also ein Mensch, der in Gottes Gegenwart steht und aus der Verbindung mit ihm lebt. Er ist Segensträger. So hat er die Möglichkeit, ja, ist dazu berufen, aktiv am Heilshandeln Gottes teilzunehmen.
– Wo sich gottfeindliche Macht zusammenballt,
– wo Fluch und Haß, Bitterkeit und Neid herrschen,
– wo Krankheit und Anfechtung, Glaubenszweifel und Resignation um sich greifen...
kann und soll der Jünger Jesu in der Macht der Liebe Gottes, im Namen Jesu, dem Hilfe- und Rat-Suchenden den Segen Gottes zusprechen.
Aber auch dort kann und soll es geschehen,
– wo ich in Lebens- und Glaubensfragen nach Gottes Willen handeln will;
– wo ich zu Aufgaben, die mir von Gott gestellt sind, Zurüstung und Kraft brauche;
– wo ich mich von Sünden und Bindungen bewußt trennen will;
– wo ich gestörte Beziehungen ordnen will;
– wo ich mich mit all meinen Gaben, Fähigkeiten, meiner Kraft, Zeit und meinem Geld Gott zur Verfügung stellen will.

Der Segnende gibt den Gesegneten

in Gottes Schutz und Geborgenheit, unter Gottes Einfluß und Kraft. Das ist eine ganz praktische Möglichkeit, Menschen zu beeinflussen und Lebenslagen zu verändern. Leider haben viele dieses Angebot vergessen, nutzen es zu wenig oder haben es noch gar nicht entdeckt. Der Segnende rechnet mit der Macht Gottes und seinen Liebesabsichten.

Vielfältig sind die Auswirkungen des Gesegnetwerdens:

– Gottes Liebe kommt in mir zur Wirkung.
– Meine Liebe zu Jesus wird reiner und tiefer.
– Gesundung an Leib, Seele und Geist kann eintreten.
– Ich werde belastbarer und widerstandsfähiger.
– Ich gewinne Einsichten in den Willen Gottes mit meinem Leben.
– Wegführungen werden immer klarer.
– Befreiung von Belastungen wird geschenkt.
– Zweifel werden überwunden.
– Leid wird angenommen und damit wertvoll.
– Frieden kommt ins Herz.
– Vergebung und Heilsgewißheit prägen mich.

Wenn auch nicht jedem alle Segnungen auf einmal zuteil werden, kein Segnen bleibt ohne Auswirkung! Daher gilt es auch, *die Gefahren zu beachten,* die mit falschen Erwartungen, mit seelisch-emotionalen Gefühlen und unbiblischer Haltung verbunden sind.

Meinen Feind segnen

Jesus sagt: »Liebet eure Feinde, segnet, die euch fluchen, tut wohl denen, die euch beleidigen und verfolgen« (Mt 5,44). Hier werden Menschen in den Machtbereich der Liebe Gottes genommen. Unsere Reaktion ist nicht beleidigt sein, sich zurückzuziehen und fliehen, sondern segnen. Das heißt in diesem Zusammenhang, daß ich meinen Feind immer wieder mit guten Gedanken segne; daß ich den, der mich haßt, mit kleinen Aufmerksamkeiten der Liebe verfolge; daß ich den, der mir flucht, immer wieder in meine fürbittenden Gebete unter den Einfluß des Heiligen Geistes bringe. Dadurch komme ich aus der Reaktion zur rechten Aktion.

Formen des Segnens

Erich Schick spricht in seinem Buch »*Vom Segnen*« (Brunnen-Verlag)
- vom segnenden Blick (Mk 10,21; Apg 3,4);
- der segnenden Hand (Mk 10,16; 2 Tim 1,6);
- dem segnenden Wort (2 Mo 4,12; Röm 15,29);
- der segnenden Tat (Joh 3,21; Jak 1,25);
- dem segnenden Sein (1 Mo 12,2; 1 Kor 4,12);
- dem segnenden Beten (Phil 1,3.4; 2 Tim 1,3).

Segnen ist ein aktives Tun

und nicht nur Fürbitte im üblichen Sinn. Der Segnende rechnet mit der Macht, die dem Jünger Jesu verliehen ist, und weiß um die Kraft, die im Namen Jesu ist, durch den und in dem wir segnend wirken sollen und können.
Somit ist Segnen mehr als nur das, was dabei sichtbar wird. Es ist eine Machttat der Liebe Gottes, die Neues schafft. Wer von Gott gesegnet ist, steht in Gottes Hut, in Gottes Frieden und in Gottes Kraft (4 Mo 6,24–26).

Handauflegung als biblischer Dienst

1. Die Gemeinde Jesu steht in der Gefahr, manche biblischen Wahrheiten als veraltet beiseite zu stellen. Dazu gehört auch die Handauflegung. Die physische und psychische Not, der wir heute auch in der Gemeinde immer mehr begegnen, läßt neu die Frage nach diesem **biblischen Dienst** lebendig werden. Zugleich ist man jedoch verunsichert und weiß nicht, wie man sich verhalten soll. Besonders zwei Gründe tragen dazu bei:

- Eine **Überbewertung** der Krankenheilung. Man wird »**wundersüchtig**« (Apg 8), indem man folgert, in jedem Fall sei es ein Mangel an Glauben, wenn man krank bleibe; dem lebendigen Glauben müßte alle Krankheit weichen. Dabei setzt man die in Jesus Christus erfahrene Erlösung gleich mit irdischem Wohlergehen. Diese Einstellung kann so weit gehen, daß man zu fragwürdigen Heilweisen greift. Niemals darf aber für die Heilung des Leibes ein Preis gezahlt werden, der zur Schädigung der Seele führt (Mt 16,26).

- Eine **Unterbewertung** der Krankenheilung. Man wird »**wunderflüchtig**«. Alle Heilmittel werden ausprobiert; zu viele werden ja angepriesen. Doch damit wird die eine Heilmethode, nämlich die biblische, unbeachtet gelassen, sei es aus Unkenntnis der Bibel, aus Unglaube oder aus ungeheiligter bzw. geheuchelter Geduld. Es ist nämlich manchmal »leichter«, sich an Krückstock und Kuren zu gewöhnen, als tätig im Glauben die Aussagen der Bibel ernstzunehmen und Gott als Arzt anzurufen.

Es ist für Leute Jesu kein richtiges Verhalten, wenn sie alles versucht haben und sich dann zuletzt an ihren Herrn wenden. *Gott sollte immer zuerst konsultiert werden. Er kann mit und ohne Arzneimittel helfen.* Dabei betone ich ausdrücklich: Arzneimittel und Arzt sind eine Gabe Gottes.

Für manchen mag es selbstverständlich sein, daß er sich bei der Handauflegung von Arzneimitteln enthält; für andere ist es keine Beschneidung der Ehre Gottes, wenn sie trotz Arzneimittel darum bitten, daß ihnen die Hände aufgelegt werden. Jedenfalls sollte man sich davor hüten, es Glaubensmenschen nachzumachen, ohne den Glauben solcher Menschen zu haben. Das führt zu Irrtum und Seelennöten!

Die Gemeinde Jesu der Gegenwart braucht eine neue biblische Einstellung zur Krankheit im allgemeinen, eine persönliche Einstellung zum einzelnen Krankheitsfall, vor allem aber braucht sie eine biblische Einstellung zur Heilung.

2. Dabei ist es gut zu wissen, daß die Bibel verschiedene **Krankheitsarten** unterscheidet:

- Leiden, um zum Glauben zu finden (2 Kö 5,1–19),
- Bewahrungsleiden (2 Kor 12,7 ff),
- Erziehungsleiden (Hebr 12,10),
- Leiden zur Verherrlichung Gottes (Joh 9,1 ff.),
- Schuldhaftes Leiden: durch Hochmut (Jak 4,16), Geiz (1 Tim 6,10), Sorgengeist (Lk 12,22), Unverantwortliche Lebensführung (Röm 13,14), Sonntagsentheiligung (Hes 20,13), Selbstmitleid (1 Kö 19,4.10), Unversöhnlichkeit (Mt 6,12), Mangel an stiller Zeit (Apg 2,42), unwürdigen Abendmahlsgenuß (1 Kor 11,29), Aberglauben (5 Mo 18,9 ff.), ungeordnete Sexualität (Hebr 13,4), mangelnde Nachfolge (Röm 12,2), Ungehorsam (Lk 15).

3. **Voraussetzung** zur Handauflegung ist, dem gläubigen Menschen zur rechten Einsicht über sein Leben zu verhelfen. Heil – Heiligung – Heilung bilden einen Zusammenhang. Darum gehört an diese Stelle auch die Mahnung: »Die Hände lege niemandem zu bald auf« (1 Tim 5,22).

4. Unser Vertrauen, daß Gott **»aufrichtet«**, stützt sich auf **sein Wort** (Jes 53; 2 Mo 15,26; Mt 4,23; 8,16 f.; 10,8; Mk 16,18; Röm 8,11; 1 Kor 6,19; 12,4; Joh 1,29).

5. Die Handauflegung nach Jak 5,14–16 gehört grundsätzlich in den **Bereich der Gemeinde Jesu** (»rufe zu sich die Ältesten«), was nicht ausschließt, daß »wo zwei oder drei in meinem Namen zusammen sind« (Mt 18,20), Heilung geschieht.

6. »Wird dem Kranken helfen und der Herr wird ihn aufrichten« – darin sehe ich **verschiedene Möglichkeiten:**
- Heilung der Krankheit; Gott schenkt Gesundung!
- Besserung der Krankheit; in dem Maße, wie man lernt, Gottes Wort und Geist gehorsam zu werden, schenkt Gott Genesungskräfte.
- Stillstand der Krankheit; auch das liegt in Gottes Ermessen!
- Leben mit der Krankheit; »laß dir an meiner Gnade genügen!«
- Segnung zum Sterben, als Zubereitung für die letzte Wegstrecke.

Ich wage nicht zu sagen, daß einer dieser fünf Wege der Hilfe Gottes besser wäre als der andere. **Gott gibt denen das Beste, die ihm die Wahl lassen** (Röm 8,28)! Wir erwarten nicht Wunder um der Wunder willen, sondern daß der Name Gottes gepriesen werde. Das ist die einzig richtige Einstellung bei der Bitte um Handauflegung. Gott bereitet sich Lobpreis bei denen, die ein Leben lang auf dem Krankenlager liegen, und bei denen, die er aufstehen läßt in Gesundheit und neuer Kraft. Darum sollte die Hauptsache die Hauptsache bleiben: die Ehre, der Preis, die Verherrlichung und Anbetung Gottes (Ps 50,14.15.23)!

Vom Fasten und Verzichten

Fasten aus medizinischen Gründen ist eine ärztlich anerkannte Heilmethode (»Operation ohne Messer«). Fasten um einer besseren Kondition willen findet heute ebenfalls allgemein Verständnis (»Ein voller Bauch studiert nicht gern«). Fasten aus Gründen des Glaubens, als Einübung in die Freiheit des Verzichtenkönnens, zu sieghaftem Leben, zu neuen Erfahrungen mit Gott, sich selbst und der Welt dagegen wird heute weitgehend von der Gemeinde Jesu nicht gesehen!

Fasten im Alten Testament:

- als Ausdruck der Buße (1 Sam 7,6; Neh 9,1; 1 Kö 21,27; 5 Mo 9,18);
- als Totentrauer (1 Sam 31,13; 1 Chr 10,12);
- als Vorbereitung intensiver Gemeinschaft mit Gott (2 Mo 34,28; 5 Mo 9,9; 1 Kö 19,8);
- zum Empfang einer Offenbarung und zur Unterstützung einer Bitte (Dan 10,3.12);
- bei bestimmten Festen (4 Mo 29,7; 3 Mo 16,29; Sach 8,19).

...im Neuen Testament:

- als Waffe gegen die Macht Satans (Mt 17,21; 4,2 ff.);
- als Hilfe zur Vollmacht (Mk 9,29; 2,18–20);
- als Zeichen der Demut (Lk 2,37);
- als Weg zur Heiligung (1 Kor 9,24–27);
- als Rücksicht auf Schwache (Röm 14,21);

– als Zurüstung zum Dienst (Apg 13,2 ff.; 14,23; 2 Kor 6,5; 11,27);
– als Kraft zur Bewährung (Mt 4,1 ff.);
– als Zeit der Stille und des Gebetes (1 Kor 7,5).

Verschiedene Arten:

– Völlige Enthaltsamkeit von Essen und Trinken, doch nicht über drei Tage hinaus (Ri 20,26; 1 Sam 7,6; Est 4,16; Jer 36,6; Apg 9,9).
– Enthaltsamkeit von fester Speise. Trinken von Flüssigkeit ist erlaubt (2 Sam 12,16–21; Mt 4,2; Lk 4,2).
– Reduziertes Essen und Trinken über längere Zeit (Dan 10,3.12; Lk 2,37).
– Enthaltsamkeit von 4 bzw 7 Tagen (1 Sam 31,13; Apg 10,30).

Kritik:

Fasten und Verzichten sind kein verdienstliches Werk. Gotteskindschaft und Heilsgewißheit können nie dadurch erworben werden (Jes 58,1–5; Jer 14,12; Mt 6,16–18; 9,14–17; 1 Kö 21; Lk 18,12). Niemand fastet in der Bibel, um andere Menschen zu zwingen!

Fasten, durch freiwilligen Verzicht erprobt und eingeübt,

– dient der körperlichen, seelischen, geistigen und geistlichen Konzentration und Regeneration.
– öffnet das Leben für Gottes Wirken.
– nimmt uns mit hinein ins Leiden Jesu und in seine Auferstehungskräfte.
– ermutigt zu intensivem Gebet und Bibelstudium.
– fördert vollmächtiges Leben.
– schenkt Sieg über Mächte, Gebundenheiten, lästige Gewohnheiten.
– ermutigt zur Verantwortung in Gemeinde und Mission.
– macht frei für Gott, den Nächsten, sich selbst und die Schöpfung.
– trägt bei zur besseren Bewältigung von leidvollen Erfahrungen und Konflikten.
– überwindet Stimmungen und Launen.
– vermittelt Geborgenheit und Frieden, Zuversicht und Freude.
– führt ins Umdenken, zu neuen Einsichten, zur Durchsicht.
– setzt neue Prioritäten.
– schafft Raum für neue Möglichkeiten.
– hilft zu klaren Entscheidungen in Verantwortung vor Gott.
– leitet an zu einem alternativen Lebensstil.
– befreit vom Verhaftetsein an irdischen Besitz.

Zum Nachdenken:

»Alles ist verloren, wenn wir entschlossen sind, auf nichts zu verzichten« (Prof. Dr. C. F. von Weizsäcker).

»An welcher Stelle ein heilsamer, freiwilliger Verzicht zu üben ist, darüber stellen wir keine Paragraphen auf. Wir dürfen alles haben, aber die Dinge, die Bedürfnisse, die Wünsche dürfen nicht uns haben. Es ist gut, immer wieder zu prüfen, ob man noch Herr im eigenen Haus ist« (Prof. Dr. Adolf Köberle).

»Persönlichen Wünschen entsagen, einen Lieblingsplan opfern, auch wenn die Selbstsucht sich mit tausend Fingern darin verkrallt, bedeutet nicht Entmannung unseres Wollens, im Gegenteil, die höchste Kraftleistung sittlicher Energie. In einem schweigenden Verzicht liegt in der Regel mehr seelischer Heroismus als in der brutalen Durchsetzung des Egoismus« (Erzbischof Michael Kardinal Faulhaber).

Fragen zur eigenen Standortbestimmung:

– Prägt meine Beziehung zu Gott meinen Lebensstil?
– Kann ich mich an meinem Besitzstand noch freuen, oder ist der Wohlstand der Weg, auf dem ich Gott verloren habe?
– Kenne ich Verzicht als Selbstdisziplin, durch die nichts zu verlieren oder zu bedauern, aber vieles zu gewinnen ist?
– Begehre ich mehr, reiße ich mehr an mich als ich brauche und verkrafte?
– Bin ich bereit, um eines anderen willen auf Dinge, die ich ohne weiteres mit meinem Gewissen vereinbaren könnte, zu verzichten, damit dem Betroffenen geholfen wird?

90

Gedanken haben Macht

»Welche Bedeutung hat ›die Macht der Gedanken‹ in der Nachfolge Jesu?«

In unserer Seelsorgekorrespondenz stellen wir immer wieder fest: sorgenvolles Denken ist eine zerstörende Macht. Verzagtheit und Entmutigung führen zu Depressionen. Dunkle, trübe Grübeleien bringen Angstzustände. Sorgen verzerren jede klare, realistische Sicht. Neid, Bitterkeit, Eifersucht vergiften die zwischenmenschlichen Beziehungen. Vorurteile verhindern das freie, unbekümmerte Sich-Begegnen.

Um mit diesen nicht gottgewollten Nöten fertigzuwerden, müssen wir lernen, nicht primär situationsbezogen, sondern verheißungsbezogen zu denken, d. h. nicht auf das zu schauen, was uns ängsten will, sondern auf den, der sagt: »In der Welt habt ihr Angst, aber seid getrost, ich habe die Welt überwunden« (Joh 16,33).

Praktische Hilfen, um mit negativen Gedanken besser umzugehen:

- Schreiben Sie Ihre negativen Gedanken nieder. Sie halten damit fest, was Sie zuinnerst umtreibt. Damit wird das unkontrollierte den negativen Gedanken Ausgeliefertsein begrenzt.
- Sprechen Sie mit einem Menschen Ihres Vertrau-

91

ens über diese niedergeschriebenen Gedanken. Durch den Gedankenaustausch lernen Sie, Ihre Lebenslage wieder objektiver zu sehen, zu unterscheiden, was der Wirklichkeit entspricht und was nicht.

• Lernen Sie, Ihre negativen Gedanken als negativ zu erkennen und im Gebet abzuwehren, also nicht zu verdrängen, so daß Ihre Gefühle davon bestimmt werden.

• Kontrollieren Sie Ihre Gedanken. Nicht unsere Stimmungen, nicht unsere Gefühle prägen unsere Gedanken. Das Gegenteil ist der Fall: Unsere Gedanken sind es, die über unsere Stimmungen und Gefühle entscheiden. Beispiel: Es hat Sie jemand verletzt. Mit dem Verstand haben Sie längst vergeben, aber in Ihren Gefühlen tragen Sie noch nach, so daß die ausgesprochene Vergebung in Mitleidenschaft gezogen werden kann.

Es geht also darum, die negativen Gedanken, diese »inneren Saboteure«, die Zweifel und Angst ausstreuen, zu erkennen und aufzuarbeiten.

Die zehn häufigsten negativen Gedankenfolgen:

1. Das Alles-oder-nichts-Denken.
2. Die übertriebenen Verallgemeinerungen.
3. Der falsche Blick.
4. Die Selbstabwertung.
5. Die voreiligen Schlußfolgerungen.
6. Das Über- und Untertreiben.
7. Die Gefühlsurteile.
8. Die sogenannten »Müßte«-Erklärungen.
9. Die eigene, von Gott geliebte Persönlichkeit schlechtmachen.

10. Sich für alles, was geschieht, selbst die Schuld zuschieben.

Ein weiser Mann faßt dieses negative Denken in einem Satz zusammen: »Wie der Mensch in seinem Innern denkt, so ist er!« Was beeinflußt meine Gedanken? Was lese ich? Was spreche ich? Was sehe ich? Worüber denke ich nach?

Hilfen zum Einüben in ein gottvertrauendes, verheißungsbezogenes Denken:

● *Grundsätzliche:*
1. Die schöpferische Pause der Stille vor Gott.
2. Die Termine mit Gott (Gebet) haben Vorrang vor den Terminen für Gott.
3. Das Auftanken aus Gottes Wort.
4. Das Singen von Liedern des Vertrauens.
5. Der Zuspruch der Vergebung durch seelsorgerliche Menschen.
6. Die Ermutigung durch Biographien.

● Konkrete:
1. *Danken lernen* (Ps 50,23; Eph 5,20; Phim 4; Phil 4,6; 1 Thes 5,18). Schreiben Sie eine Woche lang zu Beginn Ihres Tages zehn Gründe zum Danken auf. Sie gehen anders in und durch den Tag. »Dankbarkeit ist der Wächter am Tor der Seele gegen die Kräfte der Zerstörung« (Gabriel Marcel).
2. *Dienen lernen* (1 Petr 4,10). Dienst ist angewandte Liebe in geschenkter Freiheit. Ob nicht viel Fruchtlosigkeit damit zusammenhängt, daß viel Dienst im Reich Gottes aus falschen Motiven (1 Kor 13,1–3) und unter Leistungszwang getan wird und nicht aus

freiem Herzen?! Wo ich mich dem Defizit des anderen zuwende, um es aufzufüllen, hört das »Ich-mit-mir« auf!

3. *Leiden lernen* (Mt 7, Röm 8,18)! Im Ja zum Willen Gottes liegt die Kraft zum Überwinden, zum Tragen und Ertragen , ohne unter den Lasten zusammenzubrechen. Wer lernt, Leid anzunehmen, dem wird die Geduld dazu helfen, daß es wertvoll wird, denn die Erfahrungen, die wir im Leid und Leiden machen, können wir auf keinem anderen Weg sammeln. Leid hat seinen Eigenwert, der durch nichts zu ersetzen ist!

4. *Sich freuen lernen*
   Ich will mich freuen (Hab 3,18).
   Ich freue mich, daß ich bin (Ps 139,14).
   Ich freue mich heute (Ps 118,24).
   Ich freue mich auf die Ewigkeit (Lk 10,20).
   Ich freue mich über kleine Dinge (Ps 103,2).
   Ich gewinne Freude, weil ich Freude bereite (Phil 4,5).

Umdenken (Mk 1,15), *Neudenken* (Röm 12,2), *Danken* (1 Thes 5,18) sind Stationen in einem Prozeß der Heiligung, den wir immer wieder durchlaufen. Die grundsätzliche Entscheidung für Jesus Christus zieht täglich neue Entscheidungen für ihn nach sich, und diese fallen zunächst in unserem Denken, bevor sie sich in unserem Sprechen und Verhalten niederschlagen. Darum ist es entscheidend, daß wir uns im gottvertrauenden Denken üben und immer mehr das situationsbezogene, angsterfüllte Denken überwinden. So kann Neues wachsen, reifen und Frucht tragen!

Mehr zu diesem Thema auf der Cassette »Die Macht der Gedanken« (Nr. 11015 im ERF-Verlag).

»Im Danken kommt Neues ins Leben hinein . . .?!«

Die Bibel bezeugt es:

»Wer Dank opfert, der preist mich; und das ist der Weg, daß ich ihm zeige das Heil Gottes« (Ps 50,23).

»Danket dem Herrn; denn er ist freundlich, und seine Güte währet ewiglich« (1 Chr 16,34).

»Saget Dank allezeit für alles« (Eph 5,20).

»Seid dankbar in allen Dingen, denn das ist der Wille Gottes in Jesus Christus an euch« (1 Thes 5,18).

»Sorget nicht, sondern in allen Dingen lasset eure Bitten im Gebet mit Flehen und Danksagung vor Gott kund werden« (Phil 4,6).

Die Erfahrung zeigt es:

»Im Danken liegt eine Gewalt, vor der alle finsteren Geister weichen« (Hermann Bezzel).

»Wenn dein Herz danken lernt, läßt dich die Angst los« (Hermann Bezzel).

»Danken ist wichtiger als alles. Wo gedankt wird aus tiefstem Herzensgrund ohne Aufhören, da geschehen Wunder« (W. Gordon-Müller).

»Das Reifwerden eines Christen ist im tiefsten Grunde ein Dankbarwerden« (Bodelschwingh).

»Da wird es hell in einem Menschenherzen, wo man für das Kleinste danken lernt« (Bodelschwingh).

Danken ist ein Umdenken und ein Sich-neu-Verhalten:

Es geht nicht darum, sich dankbar zu *fühlen* sondern darum, den Verstand zu benutzen und darüber nachzudenken: Wofür habe ich Grund zu danken? Stationen könnten sein: Nachdenken – bedenken – umdenken – neudenken – danken!
– »In wieviel Not hat nicht der gnädige Gott über dir Flügel gebreitet...« (Joachim Neander).
– »Vergiß nicht, was er dir Gutes getan hat...« (David, Ps 103,2).

Zum Nachdenken:

– Dankbarkeit läßt unabhängig werden von momentanen Launen, Stimmungen, Gefühlen der Unzufriedenheit, die oft aus der Sattheit und dem Reichtum kommen.
– Dankbarkeit durchbricht den Teufelskreis des »Ich-mit-mir«.
– Dankbarkeit hilft frei zu werden von Aggressionen und Selbstmitleid.
– Dankbarkeit befreit von einem schlechten Gewissen.
– Dankbarkeit leitet an, bewußt und damit intensiv zu leben.
– Dankbarkeit bindet an den Geber, nicht primär an die Gabe.

Ein Drei-Wochen-Programm:

1. Woche:
Setzen Sie in Ihrer »Stillen Zeit« am Beginn des Tages einen Schwerpunkt aufs Danken. Denken Sie darüber

nach, wofür Sie Grund haben zu danken. Suchen Sie *zehn* Gründe. Schreiben Sie diese in ein Merkbuch, damit Sie an jedem neuen Tag andere Gründe festhalten. Sie erfahren, daß Sie anders als bisher in und durch den Tag gehen: zuversichtlicher, gelassener, freudiger, dankbarer!

2. Woche:
Nennen Sie Gott die Namen all der Menschen, die Sie kennen und lieben, und danken Sie für alle. Verweilen Sie mit Ihren Gedanken bei jedem einzelnen einen Augenblick.
Dann denken Sie an einen bestimmten Menschen: »Vater, ich danke dir für . . .« Denken Sie an seine guten Eigenschaften. Erinnern Sie sich daran, wie dieser Mensch seinen Glauben lebt, wie er wirkt in Liebe und Geduld. Danken Sie Gott für dies alles. Beten Sie auch für geistliches Wachstum. Denken Sie an *einiges*, was Sie in Ihrem eigenen Leben überzeugender entfaltet haben möchten, und wünschen Sie ihm das gleiche. Weisen Sie alle negativen Gedanken von sich. Versuchen Sie auch nicht, sein Leben durch Ihr Gebet zu korrigieren. Bleiben Sie ganz bewußt im Raum des Dankens für ihn!

3. Woche
Nennen Sie Gott die Namen der Menschen, die Ihnen Not bereiten; nennen Sie diese ungeachtet der Gefühle, die Sie dabei haben.
Bleiben Sie dann an jedem Tag bei einem anderen mit Ihren Gedanken. Suchen Sie *eine* gute Eigenschaft im Leben dieses Menschen, die für Sie Grund zum Danken ist. Beginnen Sie damit, daß auch dieser Mensch von Gott geliebt ist – zuerst geliebt! Wenn

Ihre Gefühle nicht mitmachen wollen – sie sind ja Regungen Ihrer Seele –, wenn sie dieses Danken hindern wollen, dann rufen Sie Ihre Seele zur Ordnung: »Lobe den Herrn, meine Seele ...« (Ps 103,1). Sie gehören ja Gott mit Leib, Seele und Geist (1 Thes 5,23).

Sie machen eine Erfahrung, die Hermann Bezzel so formuliert: »Nimm dir heute einen Menschen in deiner Umgebung, dem du ausgewichen bist, der dir schwer war, dessen Namen dir schon Unbehagen erweckte, nimm ihn in dein Herz und Gebet. Am andern Morgen erscheint dir dieser Mensch schon in ganz anderem Licht, und in den nächsten Wochen kannst du ihm freundlich begegnen, ihn freundlich ansehen, ihm die Hand reichen und ein freundliches Wort sagen. Er weiß nicht, warum du auf einmal dich so gegen ihn zeigst, dein Gott aber weiß es.«

Dankbarkeit ist für unsere Seele und unseren Geist dasselbe wie Vitamine für unseren Körper. Sie ist heilende Medizin! »Im Danken kommt Neues ins Leben hinein ...!«

Mehr zu diesem Thema auf der Cassette »Die Macht der Gedanken« (Nr. 11015 im ERF-Verlag).

Keine Freude

»Ich empfinde keine Freude. Was kann ich dagegen tun?«

Da ich Sie nicht kenne, kann ich nicht eindeutig sagen, worin der Grund Ihrer Verfassung liegt. Spielen Krankheit, schwere Wegführung, mangelnde Verbindlichkeit in Ihrer Nachfolge oder vielleicht sogar Schuld eine Rolle? Denken Sie einmal darüber nach. All das kann die Freude Ihres Christseins schmälern. Dieser Zustand muß aber nicht so bleiben. »Jesus ist kommen, Grund ewiger Freude« (Lk 2,10.11). Dieser Grund der Freude ist und bleibt auch der Grund zur Freude.

Freude in und durch Jesus Christus ist Geschenk des Heiligen Geistes und daher unabhängig von physischer und psychischer Verfassung (Röm 14,17; 15,13; Phil 4,4). Sie bedeutet für unser seelisches Leben das gleiche, was Vitamine für unseren Körper ausmachen. Diese Freude läßt leben (Joh 10,10). Sie ist heilender Medizin vergleichbar (Neh 8,10).

Beziehen Sie einmal die folgenden Leitsätze in Ihre Überlegungen mit ein. Sie können die Erfahrung machen, daß sich Ihr Denken ändert und dadurch auch Ihre Gefühle. Freude beginnt wieder, Ihr Leben zu bereichern.

Ich will mich freuen (Hab 3,18)!

Obwohl man sich zur Freude nicht zwingen kann, ist die Bereitschaft, sich freuen zu wollen, notwendige

Voraussetzung dafür, sich freuen zu können. Weil Gott will, daß wir uns freuen, haben wir die Freiheit, es zu tun.

Ich freue mich, daß ich bin (Ps 139,14)!

Dies ist die bewußte Absage an das Summieren negativer Gedanken und Empfindungen. Es ist das Ja zu mir als gottgewollter Persönlichkeit, ein Ja zu meinem Leben mit seinen verschiedenen Schattierungen.

Ich freue mich heute (Ps 118,24)!

Die Chance, heute zu leben, habe ich nur im Heute. Diese Einsicht läßt mich bewußter und damit intensiver leben. Das Leben wird dadurch reicher. Ich bleibe weder am Gestern hängen, noch verlagere ich meine Freude ins Morgen. Im Heute leben bringt neues Erleben.

Ich freue mich auf die Ewigkeit (Lk 10,20)!

Über den Etappenzielen gilt es, das Endziel nicht aus den Augen zu verlieren. Denn das wird allein Herrlichkeit sein, wenn wir, frei von den Belastungen dieses Lebens, ungetrübte Gemeinschaft mit Gott haben. Das ist kein Vertrösten auf ein besseres Jenseits, sondern Ermutigung zur Bewältigung des Diesseits.

Ich freue mich über die kleinen Dinge (Ps 103,2)!

Wer dies lernt, dessen Leben erfährt eine tiefe Bereicherung. Es wird erfülltes Leben. Nichts wird mehr für selbstverständlich hingenommen. Da ist Freude mehr als Genuß und Vergnügen. Sie steigt aus der Tiefe eines gottvertrauenden Denkens und strahlt weit über den Augenblick hinaus.

Freude gewinnt, wer Freude macht (Phil 4,5)!

»Denn die Freude, die wir geben, kehrt ins eigne Herz zurück!« Auch hier gilt: Mach dich reich, gib dich ab! Dazu bedarf es keiner dicken Brieftasche. Nötig sind Liebe und Phantasie, offene Augen und Ohren, ein mitempfindendes Herz und ein wacher Verstand, etwas Zeit, ein liebes Wort, ein Danke, ein Besuch, ein Anruf, ein Blumengruß, eine Postkarte, Zuhören, Geduld . . .

Es ist Freude im Himmel über einen, der beginnt umzudenken (Lk 15,7)!

Mehr zu diesem Thema auf der Cassette »Die Macht der Gedanken« (Nr. 11015 im ERF-Verlag).

Re-signieren als Neuanfang

»Resignation« – es gibt kaum einen Ausdruck, der hoffnungsloser klingt. Wenn wir dieses Wort hören, vermutet kaum jemand dahinter etwas Positives. Und doch gibt es hier etwas Positives! Denn »Resignation« kommt von dem lateinischen Wort *resignare,* und das bedeutet wörtlich: »entsiegeln«, »offenbaren«. Demnach beinhaltet »Resignation« die Chance, zu einer neuen Erkenntnis, einem neuen Anfang zu kommen.

Resignieren – so oder so

Jeder kennt Lebenslagen, in denen er versucht ist, zu resignieren. Das kann jedoch auf verschiedene Weise geschehen:
– Man wirft die Flinte ins Korn und gibt auf: Hat ja doch keinen Zweck, was soll's ... Die Lage erscheint einem hoffnungslos.
– Man macht weiter – nicht selten sehr verbissen –, obwohl man weder Lust dazu hat noch einen Sinn darin sieht. Das Ergebnis ist eine einzige Krampferei.
– Man »re-signiert« im buchstäblichen Sinne: Man läßt sich selbst und alles, was die Resignation ausgelöst hat, los in die Hände Gottes. Ich nehme meine Vorstellungen, meinen Plan zurück und halte Gott ein leeres Blatt hin mit der Bitte: Herr, diktiere du, zeige mir *deine* Vorstellungen, *deinen* Weg.

Solche Re-signation ist keine Verantwortungslosig-keit, sondern ein Ausdruck uneingeschränkten Gott-vertrauens. Sie kommt freilich nicht von selbst, son-dern setzt einen Denk- und Erkenntnisprozeß voraus. Wir können das sehr gut am Beispiel des Propheten Elia sehen (1 Kö 19).

Der Fall Elia

Die Ausgangssituation: Auf dem Karmel ist in der großen Frage, wer der Herr ist (Jahwe oder Baal), die Entscheidung gefallen (1 Kö 18). Elia ist gegen 450 Baalpriester angetreten – und hat gesiegt. Es ist eindeutig: »Jahwe ist der Herr!«
Aber Königin Isebel, Ahabs heidnische Frau, setzt den Kampf fort. Sie droht Elia den Tod an (1 Kö 19,2).

Depressive Reaktion

Wie reagiert Elia nun? *Falsch!* Er resigniert – ausge-rechnet jetzt, nach diesem Sieg! Der Held vom Kar-mel bekommt es mit der Angst zu tun und läuft um sein Leben (V. 3).
– Elias Reaktion (heutige Psychologen würden sie »reaktive Depression« nennen) ist nicht ganz un-verständlich. Er ist ja völlig *abgespannt und er-schöpft.* Dreieinhalb Jahre hat er dieses Gottesur-teil auf dem Karmel herbeigebetet und vorbereitet. Kilometerweit ist er vor dem Wagen des Königs hergerannt (18,46). Kein Wunder, daß er an Leib und Seele »fertig« ist (»Erschöpfungsdepression«). Wer kennt das nicht, dieses Tief nach einer großen

Anspannung – oder auch nach einer gesegneten
Bibel- oder Seelsorgefreizeit.
– Statt sich auf seinen Herrn und Gott zu konzentrieren und ihn um Rat zu bitten, läuft Elia weg und will
sterben. Er ist *lebensmüde* aufgrund von Ungehorsam (schuldbedingte Depression).

Verzagtheit als Strategie des Teufels

Das sind mit die gefährlichsten Stunden im Leben der
Kinder Gottes: wenn nach geistlichen Siegen, nach
gesegneten Augenblicken der Gegenangriff des Teufels kommt und auf einmal alles schwarz aussieht.
Denn der Satan ist ein großer Taktiker, der sich nicht
so schnell geschlagen gibt. Er weiß, wie er jeden von
uns zu behandeln hat.
Eine seiner Strategien besteht darin, das Kind Gottes
eingebildet und hochmütig zu machen: »Was bin ich
doch für ein Genie, was habe ich doch für eine
Kraft...« Aber so greift er Elia nicht an; er weiß, daß
er ihn so nicht packen kann. Denn einer der Grundzüge in Elias Charakter ist die Demut: Wie demütig hat
er nach dem Sieg im Gebet vor Gott gelegen; wie
demütig hat er dem König Dienste getan.
Aber bei demütigen Leuten gibt es eine andere Methode: der Teufel macht sie *verzagt*. Er versucht das
auch bei Elia – und es gelingt ihm: Elia »setzte sich
unter einen Wacholder und wünschte sich zu sterben
und sprach: Es ist genug, so nimm nun, Herr, meine
Seele; ich bin nicht besser als meine Väter« (19,4).

Hier müssen wir eindeutig festhalten:

– *Verzagtheit ist Undankbarkeit gegen die bisherige Führung Gottes.*
Hätte Elia auf seinen bisherigen Weg mit Gott zurückgeschaut, er hätte eindeutig seine Führung erkannt: die Berufung – Gottes Wort durch ihn an den König Ahab – seine Versorgung durch die Raben am Bach Krit – das Mehl und das Öl bei der Witwe zu Zarpath – die Auferweckung des Sohnes der Witwe – der Sieg auf dem Karmel – der Regen! Eine Kette von Wundern, von Beweisen, daß Gott mit ihm ist. Aber jetzt hat er das alles vergessen. *Verzagtheit macht vergeßlich und undankbar.*

– *Verzagtheit ist Unglaube gegenüber dem gegenwärtigen Gott.*
Wer sich der Verzagtheit ergibt, schaltet Gott als den entscheidenden Faktor aus seinen Überlegungen aus. Gott ist nicht mehr da als allmächtiger, lebendiger Herr. So macht es auch Elia. Er sieht nur noch die Königin und ihre Drohung: »Warum hat Gott das zugelassen? Es hätte doch so schön werden können mit der Reformation. Warum hat Gott nicht . . .?« – Dabei hat Elia gar nicht abgewartet, was Gott tun wird; er ist einfach davongelaufen. *Verzagtheit macht deprimiert.*

– *Verzagtheit ist Mißtrauen gegenüber der zukünftigen Führung Gottes.*
Warum will Elia sterben? Weil er sich von der Zukunft nichts mehr verspricht. Warum verspricht er sich nichts mehr von der Zukunft? Es läuft nicht so, wie er sich das vorgestellt hat. Der Durchbruch, die große Reformation ist ja doch nicht da. – Und dabei hat die Reformation schon längst begonnen;

das Volk wartet auf den Reformator. Nur, der ist auf der Flucht. *Verzagtheit macht hoffnungslos.*

Ernst Modersohn erzählt von einer Frau, die einem Prediger ihr Leid klagte; sie sah überhaupt kein Durchkommen mehr. Der Prediger versuchte, ihr klarzumachen, daß Gott ihr auch in ihrer Situation helfen könne. Umsonst. Da sagte der Prediger: »Das viele Reden hat keinen Zweck, wir wollen beten. Bitte sprechen Sie mir nach: Lieber Herr Jesus, ich danke dir, daß du mich in der Vergangenheit so treu geführt hast. Ich würde dir gern auch meine Zukunft anvertrauen; aber leider sind meine Schwierigkeiten zu groß. Denen bist du leider nicht gewachsen. Ich wollte, Herr Jesus, du wärst es. Aber dies ist ein so hoffnungsloser und verzweifelter Fall, daß deine Gnade nicht damit fertigwerden kann.«
Der Prediger hielt inne, denn die Frau betete nicht mehr mit. »Das kann ich nicht nachbeten, das wäre ja Lästerung!«
»So, das wäre Lästerung? Glauben Sie, daß das weniger Lästerung ist, wenn Sie so zu mir sprechen, als wenn Sie so zum Herrn sprechen?« Da erkannte die Frau ihr Mißtrauen und bat um Vergebung.

– *Verzagtheit verzerrt die Wirklichkeit*
Es gibt noch einen Grund, warum Elia wegläuft: »Ich habe geeifert für den Herrn... und ich bin übriggeblieben...« (1 Kö 19,10). Die Verzagtheit hat ihm so den Blick eingeengt, daß er den Bruder und die Schwester im Glauben nicht mehr sieht. Er denkt, er sei allein. *Verzagtheit macht einsam.*

Gottes Antwort

Wie handelt Gott nun, um Elia aus seiner falschen Resignation herauszuholen und ihn dazu zu bringen, daß er wirklich »re-signiert«, Gott sein leeres Blatt hinhält und ihn bittet: »Zeige mir *deinen* Weg«? Wird er dem verzagten Propheten eine tüchtige Strafpredigt halten, ihm vorhalten, daß durch sein Mißtrauen jede Basis genommen ist für neues Vertrauen? Wenn Gott das täte, würde er das zerstoßene Rohr völlig zerbrechen und den glimmenden Docht ganz auslöschen (Jes 42,3). Doch das ist nicht die Seelsorge Gottes!

– *Anstatt einer Strafpredigt gibt es Schlaf, Essen und Trinken.*
Das ist genau das, was der erschöpfte Mann zuerst braucht (V. 5–6). Schlaf, etwas Richtiges und Gesundes zu essen und zu trinken, mehr Pflege des Körpers – das braucht manches Kind Gottes als ersten Schritt heraus aus der Verzagtheit. Wir sollten das stärker beherzigen. Es gibt Zeiten, da muß es einfach heißen: weniger Verpflichtungen und Termine (vielleicht inklusive Termine im Dienst Gottes) und dafür eine Zeitlang ganz bewußt mehr Ausruhen, früher ins Bett, damit kein Raubbau am Leib (also am Tempel des Heiligen Geistes!) getrieben wird. *Mehr Termine mit Gott – weniger Termine für Gott!*

– *Gott stärkt durch den Blick auf die »Wolke von Zeugen«.*
Durch Gottes Fürsorge neu gestärkt, geht Elia vierzig Tage und Nächte bis zum Berg Horeb. Es war der Weg, den einst (nur in umgekehrter Rich-

tung) das Volk Israel nach seinem Auszug aus Ägypten gegangen war. Warum schickt Gott Elia diesen Weg? Er will ihn erinnern an den Weg der alten Gottesmänner: Mose, Aaron, Josua, Kaleb – an ihre Siege und ihre Kämpfe, an die Treue Gottes, die sie erfahren haben; erinnern auch daran, wie eigene Wege zu nichts führten.

Lassen wir doch auch uns erinnern an die alten Glaubensmänner und -frauen! Befassen wir uns doch mehr mit den Gestalten der Bibel und der Kirchengeschichte, lassen wir uns von einem Luther, einem Zinzendorf, einem Georg Müller usw. zeigen, wie man glaubt, Einsamkeit und Mißerfolge erträgt, Anfeindungen besteht. Freilich, nur von den Erfahrungen anderer leben kann man nicht. Man muß schon selbst den Weg unter die Füße nehmen. *Zu viele wollen das Ziel, aber nicht den Weg.*

– *Gezielte seelsorgerliche Fragen*

Am Ende der vierzig Tage fragt Gott den Propheten: »Was machst du hier, Elia?« (V. 9). Mit anderen Worten: »Elia, auf dem Karmel hast du mich gebeten, zu offenbaren, daß ich der Herr bin und du mein Knecht. Und ich habe dich als meinen Knecht beglaubigt. Aber jetzt – hast du dich wirklich wie ein Knecht benommen, als du geflohen bist? Hast du denn mich, deinen Herrn, gefragt, ob du überhaupt fliehen sollst? Nein, du hast eigenmächtig gehandelt!«

Elia antwortet ausweichend (V. 10). Er geht nicht auf Gottes Frage ein, er ist gefangen in seinem Denken. Er schiebt seine Schuld ab, hat immer noch nicht erkannt, daß Gott ihn persönlich meint. *Wie ist das bei uns? Antworten wir Gott auch ausweichend, wenn er uns unangenehme Fragen stellt?*

Es gibt auf jedem Lebensweg Schwierigkeiten. Aber es ist ein großer Unterschied, ob wir uns diesen Weg eigenmächtig ausgesucht haben, oder ob Gott uns auf ihm führt. Auf dem eigenen Weg sind wir den Problemen nicht gewachsen. Auf Gottes Weg haben wir die Zusage: Ich will mit meiner Kraft in deiner Schwachheit mächtig sein (vgl. 2 Kor 12,9).

– *Gott nimmt den Verzagten in die Stille*
Er begegnet Elia in dem »stillen, sanften Sausen« (V. 11–12). Und in dieser Stille kann er ihm zeigen, wie er, Gott, ist, und daß Elia keinen Grund hat, mit ihm unzufrieden zu sein.
Man kann manches liegenlassen an Arbeit, aber auf eines können wir nicht verzichten: auf die Stille vor Gott. »Nur an einer stillen Stelle legt Gott seinen Anker an.« Verzagte müssen neue Prioritäten setzen: Elia, du warst zu beschäftigt mit *deinen* Vorstellungen, *deiner* Aktivität, *deinem* Laufen und Arbeiten. Du drehtest dich zu sehr um dich selbst. Hör doch endlich einmal auf, ich muß mit dir reden! Gib der Frage »Herr, was willst *du*?« wieder den ersten Platz!

– *Gott erneuert die alte Platzanweisung*
Gott schickt Elia zurück: »Geh wieder deines Weges« (V. 15). Man wird mit Problemen nicht fertig, indem man vor ihnen flieht, sondern indem man sich – an Gottes Hand! – ihnen stellt. Eine alte Geschichte drückt das so aus:

Ein Mensch kommt zu Gott und sagt: »Lieber Gott, das Kreuz, das du mir zu tragen gegeben hast, ist zu schwer.« Darauf Gott: »Das ist kein Problem, komm, such dir ein anderes aus!« Und er führt ihn zu einem Platz, wo alle möglichen Kreuze herumliegen. Der Mann legt sein Kreuz ab und fängt an, die anderen auszuprobieren. Das eine ist zu lang, das andere zu krumm, das dritte zu schwer usw. usw. Endlich findet er eines, das paßt, und kommt strahlend damit zu Gott gelaufen. Und Gott sagt ihm: »Na, das ist doch das Kreuz, das du mitgebracht hattest und nicht mehr wolltest.« Der Mann schaut genauer hin, und tatsächlich: es ist sein altes Kreuz!

Gott weiß, warum er uns an den alten Platz schickt. Hier können wir uns in neuem Vertrauen bewähren und zeigen, daß wir ein Stück weiter gelernt haben, ihm und seinem Wort zu vertrauen; daß wir verstanden haben, daß mit einem echten »Re-signieren« sich neue Türen auftun. Elia geht; er ist wieder gehorsam.

– *Gott stärkt durch neue Dienstanweisungen*
Er beauftragt Elia, zwei Könige zu salben – aber auch seinen eigenen Nachfolger. Wir können daraus etwas Entscheidendes lernen: Elia hat seinen Ungehorsam völlig vergeben bekommen, muß aber dennoch Konsequenzen tragen. Was nicht bedeutet, daß Gott auf einmal gegen ihn ist! Später entrückt er ihn sogar auf einzigartige Weise in den Himmel (2 Kö 2,12).
Es gibt auch bei uns Situationen, wo wir gewisse Konsequenzen unseres Ungehorsams zu tragen haben, aber trotzdem bleiben wir Gottes Kinder.

– Gott zeigt dem Verzagten, daß er nicht allein ist
Elia dachte, es müsse mit Gottes Sache aus sein, wenn es mit ihm, dem Propheten, aus sei. Jetzt hört er, es gibt noch siebentausend andere Treue (V. 18)! Und er lernt, es kommt gar nicht so sehr auf ihn an, sondern auf Gott. *Gott trägt die letzte Verantwortung – und das nicht nur bei Elia, sondern auch in unserem Leben.*

Konsequenzen

Geben Sie Ihre Vorstellungen, Ihre selbstgefertigten Pläne aus der Hand, stellen Sie alle Flucht ein, hören Sie auf mit den Ausflüchten und dem Schuldsabschieben auf andere. »Re-signieren« Sie, indem sie Gott ein leeres Blatt hinhalten und ihn fragen: Was ist dein Weg mit mir? Was willst du, daß ich tun soll? Vergib mir meine Eigenwilligkeit. Gib du mir neu das Thema meines Lebens! Fangen Sie neu an.

Mehr zu dieser Thematik in: Ernst Modersohn, »Der Prophet Elia« (Brunnen-Verlag).
Vergleiche auch die Cassette »Re-signieren« (Nr. 11002 im ERF-Verlag).

Depression – ein Modewort?

Nein! Rund 15000 Menschen in der Bundesrepublik scheiden jedes Jahr durch Selbstmord aus dem Leben. Alle vier Minuten unternimmt irgendwo in unserem Land ein Mensch einen Selbstmordversuch. Die meisten von ihnen hatten oder haben Depressionen.

Depression – das Wort kommt aus dem Lateinischen und bedeutet soviel wie: Niederdrückung. Die Seele singt nicht mehr, Mutlosigkeit macht sich breit, Antriebskraft fehlt, Angst nimmt einen gefangen.

Depressionen sind weitgehend in unserer Gesellschaft verpönt. So bleiben viele ohne fachgerechte Therapie (seelsorgerliche wie ärztliche). Leib, Seele und Geist werden in Mitleidenschaft gezogen. Typisch für alle Formen von Depressionen sind sogenannte **Verlustsymptome:** Appetitlosigkeit, Gewichts-, Schlaf-, Mut-, Hoffnungs-, Antriebs-, Konzentrationsverlust, Verlust der Lebens- und Glaubensfreude, des Selbstwertgefühls.

Man unterscheidet **verschiedene Formen** von Depressionen. Einige seien genannt:

Reaktiv bedingte Depressionen

sind die Folge von »äußeren« Umständen, Enttäuschung im Beruf, Ehe- und Familienschwierigkeiten, anhaltende Krankheit, der Tod eines nahestehenden Menschen. Der Betroffene gerät unter Druck und reagiert falsch (1 Kö 19,1–18).

- Das behutsame, einfühlende seelsorgerliche Gespräch (Röm 12,12–15) mindert den Druck.
- Zeit haben, Geduld üben, Zuhören (Röm 5,1–5) sind ebenso notwendige Voraussetzungen, um verstehen zu lernen, warum jemand reagiert wie er reagiert,
- wie ein Herz voll Liebe (1 Kor 13), ein Kopf voll Sachwissen und von Gott erbetene Weisheit (Jak 1,5), um zu einer neuen Sicht der Menschen und der Dinge zu führen.

Neurotisch bedingte Depressionen

gehören in die Gruppe der *psychoreaktiven Erkrankungen*. Man faßt damit die Besonderheit einer gestörten frühkindlichen Entwicklung zusammen. Es sind also erlebnisbedingte Störungen, Reaktionen und Auswirkungen auf Persönlichkeitsverletzungen durch »zu hohe Erwartungen, Demütigungen, doppeldeutige Beziehungen oder zweckgebundene Verwöhnungen« (Dr. M. Horie). Der Betroffene reagiert deprimiert oder aggressiv.
Durch eine gezielte Gesprächsführung gilt es,
- die Vorgeschichte zu erhellen und Zusammenhänge zu erkennen, die zur negativen Meinung über einen selbst und zur Aggression gegenüber Mitmenschen geführt haben,
- damit Schuld*gefühle* und *Schuld* differenziert werden können,
- es zu einer realistischen Selbsteinschätzung, zu einem neuen Denken, Sprechen und Verhalten kommt.
- Vergebung, als Bewältigung der Bitterkeit, ist dabei oft das zentrale Problem (Jes 43,1–5; Mt 6,12).

Für beide Depressionsformen gilt: Die Seele zieht sozusagen die »Notbremse«. Sie wird krank. Wird sie nicht kuriert, steckt sie das »soma« (den Körper) an. Ergebnis = *psychosomatische Erkrankung*.

Erschöpfungsbedingte Depressionen

haben als Auslöser eine Vielfalt von Stressoren (Hetze, Überarbeitung, Dauerbelastung, Überforderung), können aber auch psychoreaktiv bedingt sein (1 Kön 18).

Eine Erschöpfungsdepression wird anders behandelt, als es bei sonstigen Depressionen die Regel ist. Antidepressive Medikamente stehen keineswegs im Mittelpunkt. Doch sollte ärztliche Behandlung hinzugezogen werden. Sie unterstützt das seelsorgerliche Gespräch.

Ziel wird sein, zu einer neuen Lebensordnung anzuleiten. Ausspannen, Urlaub, Regelung der beruflichen Situation sind eine Voraussetzung für eine neue Einstellung zum Leben. Stille, Gebet, Wort Gottes, schöpferische Pausen, Dasein für andere und sich selbst müssen einen neuen Stellenwert bekommen. Es gilt die Erkenntnis zu vermitteln, daß der Wert eines Menschen nicht in seiner »Verwertbarkeit« und Leistung liegt (Mt 6,33).

Die endogen bedingten Depressionen

sind die schwersten aller Depressionen. Man versteht darunter eine körperlich begründete seelische Krankheit. Sie entsteht unabhängig von irgendwelchen Erlebnissen. »Endogen« heißt von innen. Sie ist also in der Anlage des Kranken verwurzelt. Ihre letzten Ursachen sind noch unbekannt. Doch steht fest, daß sie auch jahreszeitlich – Frühjahr/Herbst – bedingt ist. Vermutlich wird sie durch physische Fehlfunktionen, etwa durch Blutmangel oder Störungen im Stoffwechsel des Gehirns, ausgelöst.

Bei bestem Willen und trotz aller guten Vorsätze kann der Kranke nichts gegen seine Verfassung machen. Sätze wie »Wenn du nur richtig glauben würdest, dann...« sind fehl am Platz. Durch antidepressive Medikamente kann wirksam geholfen werden. Die begleitende Seelsorge (Verstehen, Zuhören, Fürbitte, Fürglaube, Zugegensein) ist gefragt (Joh 15,5; Jer 17,14; Jes 42,3).

Mehr zu diesem Thema auf der Cassette »Wenn die Seele nicht mehr singt« (Nr. 11052 im ERF-Verlag).

Kranke Seele – Kranker Glaube

»Wenn die Seele krank wird, kann dann auch der Glaube krank werden?«

Um es gleich eindeutig zu sagen: Ja! Unsere Seele bildet mit unserem Körper und Geist eine Einheit. Wir wissen aus eigener Erfahrung, daß unser Körper krank werden kann. Das wird allgemein akzeptiert. Daß aber auch die Seele krank, gestört, ja funktionsunfähig werden kann, ist noch nicht zur allgemeinen Einsicht geworden.

In einer Zeit, in der das hektische Leben die Seele erschlägt,
– wo Streß zur Überforderung, wird,
– Angst Vertrauen zerstört,
– Schwermut die Hoffnung nimmt,
– Zwänge die Freiheit rauben,
kann der gefühlsmäßige Anteil, der unser Denken, Wollen und Handeln mitbestimmt, krank werden. Das kann zur Folge haben, daß auch die auf Gott bezogenen Gefühle des Vertrauens, der Hoffnung, der Zuversicht, des Angenommenseins in Mitleidenschaft gezogen werden.

Beachten Sie: Der *gefühlsmäßige* Anteil des Glaubens ist gestört!

Der Gesunde kann meistens nicht verstehen, was der so Leidende durchmacht, »wenn die Seele nicht mehr singt«. Wenn wir ihm nicht lieblos begegnen und noch zusätzlich weh tun wollen, sollten wir folgendes beachten:

Der Kranke...

– *darf krank sein:* Er darf es sich eingestehen, und andere dürfen es ihm zugestehen: Ich kann und muß jetzt nicht glauben wie früher.
– darf schweigen, klagen und anklagen vor Gott (Ps 62; 13; 22 und 142),
– darf Angst haben und falsch reagieren (Ps 73; Joh 16,33),
– darf am Leben verzagen (2 Kor 1,8), hoffnungslos sein (Joh 5,7).

Der seelsorgerliche Begleiter braucht

– die Bereitschaft zum Zuhören (Jak 1,19), indem er Zeit hat für den Kranken und Verständnis für seine Krankheit zeigt. Geistliche Appelle wie »Du mußt nur recht glauben« sind fehl am Platz. Der Betroffene kann es nicht in dieser Lebenslage (Spr 18,4).
– Geduld (Hebr 10,35f.), indem er den Kranken als Kranken annimmt und liebt. Auch wenn dieser nicht so auf seinen Zuspruch reagiert, wie er es erwartet, wird er sich nicht gekränkt oder enttäuscht zurückziehen oder gar mit geistlichen Drohungen kontern.
– Gemeinschaft durch nicht-verbale Kommunikation, d. h. Gemeinschaft ohne Worte durch sein Da-sein. Das ist ein Stück Mit-teilen!
– »Fürglaube«, indem er mit seiner Einstellung zeigt, daß er selber glaubt, was er dem Kranken von Gott her zuspricht, nämlich daß er vor Gott jetzt so sein darf, wie er ist, daß Gott ihn dennoch liebt und annimmt um Jesu Christi willen und daß in allem Gott sein Ansprechpartner bleibt (Röm 8,31ff.).

- Fürbitte, das unter die Last des anderen Schlüpfen, sich mit seinen Anliegen solidarisieren, es vor Gott bringen und damit tragen helfen (2 Kor 1,8–11).
- das Zeugnis des Wortes, indem er dem seelisch Kranken, dem die eigene innere Stimme nichts Wohltuendes mehr über seine Beziehung zu Gott sagt, folgendes zuspricht: Gottes Liebe zu ihm ist nicht von seinen (kranken) Gefühlen abhängig, sondern von der Zusage seines Wortes, an das er sich gebunden hat. Glauben heißt: sich aufs Wort verlassen (Ps 33,4).
- den Zuspruch der Vergebung. Dem in sich Verschlossenen, der keine Zukunft mehr sieht, sondern oftmals »die Hölle auf Erden« durchmacht, darf er zusagen: Gott spricht dich nicht nur von deiner schuldhaften Vergangenheit los, sondern schenkt dir in seiner Gnade auch einen Neuanfang. »Wenn uns unser Herz verdammt, so ist Gott größer als unser Herz und weiß um alle Dinge« (1 Joh 3,20).

Wenn eine solche Krankheit durch medikamentöse Behandlung abklingt, kommen auch Glaube, Hoffnung, Liebe wieder, und der Heilwerdende kann neu sprechen: »Lobe den Herrn, meine Seele...« (Ps 103).
Das wird dann auch die Situation sein, wo der Seelsorger eingehen wird auf die Klagen und Fragen, die geäußerten Gedanken zum Thema Schuld, die im dunklen Tal der Depression zur Sprache kamen.
Jetzt wird er vorsichtig und einfühlsam das Gespräch beginnen: »Ist das denn so, wie Sie das im dunklen Tal empfunden haben, daß diese Schuld Sie so umtreiben und erdrücken will, daß Sie meinen, sie sei nicht vergeben?«

Es gilt also im dunklen Tal, sich die Probleme und Nöte zu notieren, um sie dann, wenn es wieder licht wird, anzusprechen. Das seelsorgerliche Gespräch kann nun klären helfen: Was ist *Schuld,* was sind *Schuldgefühle?* Es kann hinführen helfen zur Gewißheit: »Lobe den Herrn, meine Seele ... der nicht mit uns umgeht, wie wir es verdient hätten!«

Mehr zu diesem Thema auf der Cassette »Wenn die Seele nicht mehr singt« (Nr. 11052 im ERF-Verlag).

Kann ein falsches Gottesbild krank machen?

Ja, in der Brief- und Telefonseelsorge im ERF erfahren wir, daß ein falsches Gottesbild an Geist, Seele und Leib krank machen kann.

Wie kann ein falsches Gottesbild aussehen?

Z. B. die einseitige Vorstellung des nur zürnenden und strafenden Gottes;
oder die einseitige Vorstellung des nur nachsichtigen und liebenden Gottes.
In Wirklichkeit aber haben wir es in der Bibel mit dem zürnenden *und* strafenden sowie mit dem nachsichtigen *und* liebenden Gott zu tun. »Denn welchen der Herr liebhat, den weist er zurecht« (Hebr 12,6).

Wie kann ein falsches Gottesbild entstehen?

Durch »falsche«, d. h. einseitige Verkündigung. Folgende Aussagen verdeutlichen das:
- »Mit Jesus bist du nie mehr einsam.« – Doch! Wer mit Jesus lebt, ist zwar nicht mehr allein (Mt 28,20), aber einsam kann er trotzdem sein.
- »Bei Jesus bist du immer fröhlich.« – Das ist nicht wahr! Denken Sie nur an das Heer der Depressiven, an die von Schmerz Geplagten und von Kummer und Trauer Bedrückten.
- »Jesus löst alle deine Probleme.« – Auch das stimmt nicht! Jesus *kann* sie lösen, ganz gewiß. Er kann

120

aber auch meine Einstellung dazu ändern. Er kann mir die Kraft geben, die Probleme zu tragen und zu ertragen. Ja, er kann sogar wollen, daß ich an den Problemen reife, und läßt sie mir deswegen (2 Kor 12,9).
– »Jesus gibt Antwort auf alle Fragen.« – Nein! Es gibt in meinem Leben und im Leben vieler Nachfolger Jesu unbeantwortete Fragen.

Ein falsches Gottesbild kann auch entstehen durch »falsch verstandene« Verkündigung.
– Z. B. versteht jemand den Satz falsch: »Ist jemand in Christus, so ist er eine neue Kreatur. Das Alte ist vergangen, siehe, es ist alles neu geworden« (2 Kor 5,17). Es ist eben *nicht »alles* neu geworden«, sondern eine neue Schöpfung hat *begonnen.* Man ist Christ und muß doch erst Christ werden. Das ist aber etwas anderes, als wenn »alles neu geworden« ist.
– Oder der Satz wird mißverstanden: »Jesus heilte sie alle« (Mt 12,15). Ja, die man in dieser angesprochenen Situation zu ihm brachte, aber doch nicht alle Kranken in Palästina. Es gilt auch Krankheit anzunehmen und mit ihr leben zu lernen.
– Oder: »Wer in Gott bleibt, sündigt nicht« (1 Joh 3,6). Ja, *in Jesus Christus* sind wir sündlos vor Gott, aber wir selbst werden, so lange wir auf dieser Erde leben, sündigen, auch wenn wir es nicht müssen.
– Noch ein letztes Beispiel für »falsch verstandene« Verkündigung: Man meint, Vergeben sei gleichzusetzen mit Vergessen. Wieviel Krampf entsteht durch solches Denken. Vergeben ja, aber Vergessen muß nicht sein. Wer es trotzdem erzwingen will, wird nicht selten seelisch krank.

Ein falsches Gottesbild kann entstehen durch eine falsche christliche Erziehung:
- Wenn Eltern oder ein Elternteil durch ihr Reden und Verhalten ein falsches Bild von Gott vermitteln: den nur strafenden, angstmachenden, moralisierenden, fordernden, gesetzlichen, miesmachenden Gott;
- oder wenn durch pseudofromme Erziehung eine Lebens-, Liebes- und Leibes-Feindlichkeit vermittelt wird;
- oder wenn aus falsch verstandener Liebe – gut gemeint, und das ist meistens falsch –, dem Kind alle Belastungen und Entscheidungen abgenommen werden.

Ein falsches Gottesbild führt zu seelischen Schäden.

Wer nicht gelernt hat, an Belastungen, Schwierigkeiten, anstehenden Entscheidungen zu reifen, braucht sich nicht zu wundern, wenn er nicht belastbar, nicht widerstandsfähig, nicht entscheidungsfähig ist.

Wer die Sexualität, den Leib, das Leben nicht als gute Gabe Gottes vermittelt bekommen hat, für den ist es schwer, liebesfähig und lebenstüchtig sein Dasein zu gestalten.

Wie schnell entsteht aufgrund »falscher« und »falsch verstandener« Verkündigung sowie falscher christlicher Erziehung Angst:

Angst vor dem Versagen: »Ich bin nicht gut genug; genüge nicht den Ansprüchen; bin nicht zu gebrauchen!«

Hier liegt die negative menschliche Erfahrung zugrunde, immer wieder hören zu müssen: Du bist nichts, du kannst nichts, aus dir wird nichts. Die Folge kann ständiger Zwang zur Leistung sein, bis hinein in das Denken: Auch zu meiner Bekehrung muß ich noch etwas dazuleisten. Daher bekehrt man sich immer wieder.

Die Angst, nicht geliebt zu werden: »Ich kann nicht glauben, daß Gott mich liebt, wenn ich immer wieder Fehler mache und versage.«
Solches Denken führt in die Resignation. Die Erfahrung zeigt, daß es im Leben dessen, der so denkt, große Defizite an menschlicher Zuwendung und Liebe gibt. Daher wird man lebensmüde!

Die Angst, nicht vergeben zu bekommen: »Ich kann doch nicht immer aus Gottes Vergebung leben. Einmal kann er mir nicht mehr vergeben.« Solches Denken resultiert aus der Erfahrung, im zwischenmenschlichen Bereich keine echte Vergebung erlebt zu haben. Da wurde eine Strichliste geführt und immer wieder aufgerechnet. So findet keine Entlastung statt, sondern ständig quält ein schlechtes Gewissen!

Daraus resultiert dann die Unfähigkeit,
– zu lieben und sich lieben zu lassen;
– zu vertrauen und sich anzuvertrauen;
– Vergebung anzunehmen und auszuteilen;
– Beziehungen aufzubauen und zu beenden;
– Belastungen zu tragen und zu bewältigen;
– Entscheidungen zu treffen und warten zu können;
– sich zu freuen und Freude zu bereiten;
– Verantwortung zu übernehmen und abzugeben.
Das ganze führt nicht selten zu *psychosomatischen Erkrankungen, wo der Leib zum Austragungsort der seelischen Konflikte wird, zu Neurosen, Psychosen, Depressionen.*

Seelsorgerliche Hilfen

Das seelsorgerliche Gespräch hat zum Ziel,
Einsichten in die Zusammenhänge zu vermitteln,
also aufzudecken, was zum falschen Gottesbild und
den damit zusammenhängenden seelischen Schäden
geführt hat. Dazu sind notwendig:
– Ein Herz voll Liebe (1 Kor 13);
– ein Kopf voll Sachwissen;
– die Bitte um Weisheit (Jak 1,5).

Im seelsorgerlichen Gespräch gilt es dann,
ein neues Bild von Gott aufzubauen
– durch eine umfassende Bibelarbeit. Gottes Wort
  macht nicht krank! (Darum ist Seelsorge in hohem
  Maße Rückfrage an die Verkündigung und damit
  nicht zuletzt an die theologischen Ausbildungsstätten!)
– durch intensives Gespräch mit Gott, das ebenso ein
  Herzausschütten wie ein Sich-öffnen für den Einfluß des Heiligen Geistes ist;
– durch Sachinformation über die Zusammenhänge
  (wobei auch die Erkenntnise der Humanwissen-
  schaften in ihrer dienenden Funktion herangezogen
  werden können!).

Beim Vermitteln des neuen Gottesbildes geht es darum, deutlich zu machen, daß Gott eben nicht nur der
zürnende und strafende Gott ist, sondern auch der
nachsichtige und liebende, ja der gerechte. Und als
solcher hat er uns in Jesus Christus mit sich selbst
versöhnt. Nun ist das Gesetz von Schuld und Strafe für
uns durchbrochen. Obwohl wir strafwürdig sind, ergeht jetzt Gnade vor Recht. Ich kann also alle Versuche einstellen, mich selbst vor Gott richtig zu machen,

auch alle Ängste drangeben, ich wäre vor Gott nicht richtig. In Jesus Christus bin ich es, als »begnadigter Sünder«. Das zu akzeptieren ist echte Selbstannahme (Lk 18,13).

Wer dies für sich persönlich in Anspruch nimmt, kommt in eine *neue Gottesbeziehung,* die ein neues Selbstwertgefühl vermittelt.

Das Wissen und gottvertrauende Denken: Gott liebt mich – Gott vergibt mir – Gott hat mich angenommen – Gott ist für mich – Gott kennt mich – Gott achtet mich wert – Gott hat mich begabt – Gott bejaht mich – Gott ruft mich beim Namen – Gott führt mich ... (Jes 43) leitet einen Gesundungsprozeß der seelischen Schäden ein, so daß innere Heilung geschieht, die ihre Auswirkung auf Leib, Seele und Geist nach sich zieht. Gott macht dies allerdings nicht ohne mich und auch nicht an mir vorbei. Meine *Mitarbeit ist gefragt, wenn das neue Bild von mir selbst entstehen soll,* das der Sicht der Bibel entspricht. *Heil – Heilung – Heiligung stehen in einem kausalen Zusammenhang.*

Diese Mitarbeit sieht so aus, daß ich bereit bin,
– mich von meinem alten Denken (auch Sprechen und Verhalten) zu distanzieren, es loszulassen;
– umzudenken, d. h. Buße zu tun;
– ein neues Denken (und Sprechen und Verhalten) einzuüben.
   Konkret:
– Ich werde schuldig (Mt 18,21–35) – aber Gott vergibt mir, daher kann ich mir und auch anderen vergeben (Mt 6,12)!
– Ich bin nie gut genug (Röm 7,18.19) – aber Gott hat mich angenommen wie ich bin, daher kann ich mich und auch andere annehmen (Jes 43,1; Ps 139,14)!
– Ich bin ein Versager (Joh 21,15–17) – aber bei Gott

bin ich keine Null, sondern wertgeachtet, daher kann ich mich und auch andere wertachten (Jes 43,4, Phil 2,3)!
- Ich habe ein Liebesdefizit in meinem Leben – aber Gott – (der mich zuerst liebt) – füllt es aus (1 Joh 4,19), daher kann ich mich und auch andere lieben (Mt 22,39)!

Aus diesem *Gottvertrauen* erwächst
- *gottgewolltes Selbstvertrauen,* und daraus reift
- *gottgewollte Selbstverwirklichung* im Sinne des Pauluswortes: »Ich lebe, doch nun nicht ich, sondern Christus lebt in mir« (Gal 2,20).
Solches Umdenken ist nicht vergeblich. Es bringt eine neue Lebensqualität hervor: sinnvolles und damit reiches Leben (Joh 10,10)!

Wie sehen Sie das biblische Menschenbild?

Die Praxis der Seelsorge beim ERF (Methode, Weg, Ziel) ist geprägt von der »Welt-an-schauung« der Bibel. Daher eine kurze theologische Reflexion über das Menschsein aus der Sicht der Bibel.

Die Bibel kennzeichnet den Menschen nach 1. Mose 2 u. 3 folgendermaßen (nach Siegfried Kettling, »Wer bist du, Adam?«):

- Der Mensch ist Erdwesen. Seinen Namen hat er von der Erde: »adam«.
- Der Mensch ist Lebewesen.
- Der Mensch ist weltgestaltendes Wesen.
- Der Mensch ist denkendes Wesen.
- Der Mensch ist soziales Wesen.
- Der Mensch ist Wesen vor Gott.

Die Bibel sieht den Menschen

- ganzheitlich in seinen körperlichen, seelischen, sozialen Bezügen. Er ist eine Einheit von Leib, Seele, Geist (1 Thes 5,23).
- als total verderbt. Die Ebenbildlichkeit des Menschen ist zerstört (Röm 3,23). Die Abkehr von Gott zeigt sich in den Sünden unseres Lebens.
- als eigenwillig. Der Bereich des Menschen vor Gott ist gestört. Das hat Entfremdung von sich selbst, vom Mitmenschen, von der Schöpfung zur Folge (Röm 7; 1 Mo 3–4).

– als gottlos. Der Mensch zerstört das Leben, das Gott für ihn bereitet hat.

Die Bibel bezeugt dem Menschen

– die totale Erlösung jedes Menschen durch Jesus Christus (1 Tim 2,4–6);
– die Rechtfertigung des Sünders aus Gnaden (2 Kor 5,21);
– das Angebot neuen Lebens durch Gott in Buße und Glauben (Mk 1,15);
– die Annahme des neuen Lebens durch den Sünder (Joh 1,12);
– die Heilsgewißheit, Kind und nicht mehr nur Geschöpf Gottes zu sein (Röm 8,16).

Die Bibel zeigt dem Menschen sein Selbstverständnis:

– Selbsterkenntnis (Röm 7,18),
– Selbstannahme (Lk 18,13),
– Selbstwertgefühl (Jes 43,4),
– Selbstverwirklichung (Gal 2,20),
– Selbstfindung (Mt 10,39).

Die Bibel weist dem Menschen den Weg zu einem sinnvollen und damit reichen Leben.

– durch die Teilhabe am Leben Gottes (2 Kor 5,17);
– durch einen siegreichen Glaubenskampf aufgrund empfangener Vergebung (1 Tim 6,12);
– durch eine neue Motivation zum Leben in Liebe und Gehorsam (Joh 14,21);

- durch eine neue Lebenspraxis unter dem Einfluß
  des Heiligen Geistes (Joh 16,13; Röm 12,2);
- durch einen alternativen Lebensstil in Verzicht,
  Zucht, Opfer, Hingabe (2 Kor 5,15);
- durch ein neues Lebensziel für Zeit und Ewigkeit
  (Mt 6,33).

Der Mensch ist also von Gott aus der übrigen Kreatur
einerseits durch die Fähigkeit seines geistigen Wirkens herausgehoben, noch wesentlicher aber durch
seine Möglichkeit, in einer bewußten Gottesverbin-
dung zu leben. Dieses Spezifische des Menschseins ist
seine Chance, zu einem sinnerfüllten und damit letztlich reichen Leben zu kommen.

Seelsorge und Psychologie

»Wie sehen Sie das Verhältnis der Seelsorge zur Psychologie?«

Die Wartezimmer der Ärzte und Psychotherapeuten sind voll. Wer sich heute um ganzheitliche Seelsorge im Sinne der Bibel bemüht, kommt nicht umhin, sich auch mit solchen Wissenschaften wie der Psychologie, die ja ebenfalls der Seele des Menschen helfen wollen, auseinanderzusetzen. Wo gibt es hier Unterschiede zur Seelsorge, wo Gemeinsamkeiten? Kann Wissenschaft allein helfen? Aber auch: Kann Seelsorge allein helfen?

Aus meiner eigenen Erfahrung als Seelsorger kann ich bezeugen, daß manche Erkenntnisse der Psychologie mir neue Anstöße und Hilfen gegeben haben, die Seele des Menschen zu verstehen und heilend zu beeinflussen. Trotzdem – oder gerade deshalb – möchte ich eine ganz klare Trennungslinie ziehen. Seelsorge kann nicht von der Psychologie her verstanden werden.

Die Psychologie

hat ihre Wurzeln in der systematischen Erforschung des Menschen in seinen verschiedenen Bezügen. Sie hat als höchstes Ziel die seelische Glücksfähigkeit des Menschen, seine Arbeitsfähigkeit, vielleicht auch seine Fähigkeit, andere zu beglücken; ferner seine Denkfähigkeit und natürlich auch die körperliche

Gesundheit, die mit dem allen aufs engste zusammenhängt.

In der **Psychotherapie**, der praktischen Anwendung
der Psychologie, geht es mithin um die Lösung,
Milderung und Aufhellung von seelischen Verkramp-
fungen, um dadurch krankhafte Zustände des Körpers und des Verhaltens zu beheben. Dieses Ziel wird
auch bei einem Teil der behandelten Patienten in
befriedigender Weise erreicht.

Die Seelsorge

sieht den Menschen in einer ganz anderen Perspektive: sie sieht ihn nicht »an sich«, als isolierte Person,
sondern sie sieht die *Person vor Gott*, unter Gottes
Anspruch und Zuspruch. In der Seelsorge geht es
nicht in erster Linie um die klinische Heilung krank-
hafter Seelenzustände, sondern um das Bekenntnis
von Sünde und um die Weitergabe der durch Jesus
Christus angebotenen Vergebung an den einzelnen
Menschen.

Daher ist jede Seelsorge, die nicht vom Seelsorger
Jesus Christus abhängig ist, ein Widerspruch in sich!

Schuld und Sünde

Hier ist es nun nötig, die Unterscheidung von *Schuld*
und *Sünde* herauszustellen. *Schuld* entsteht in dem
Beziehungsverhältnis der Menschen untereinander.
Zu den Fragen der Schuld kann die Psychotherapie
helfende, klärende und lösende Hinweise geben, die
den Patienten anweisen, mit der Vielschichtigkeit und

131

Gegensätzlichkeit seines eigenen Wesens fertig zu werden und es zu akzeptieren, ohne einer Verkrampfung anheimzufallen und ohne Teilbereiche davon zu verdrängen.

Sünde ensteht in dem Verhältnis des Menschen zu Gott. Und immer, wenn Schuld als Sünde erkannt worden ist – und Schuld gegenüber Menschen ist in den meisten Fällen auch Sünde vor Gott –, ist die Psychotherapie an ihrer Grenze angelangt. Denn da, wo es um *Vergebung* geht, sieht sich die Psychotherapie machtlos. Sünde kann nicht geheilt werden durch psychotherapeutische Methoden; Sünde ist lediglich dort aufgehoben, wo sie durch Jesus Christus gesühnt ist, wo diese geschehene Versöhnung durch Erkenntnis, Bekenntnis, Reue, Glaube und Dank in einem Menschenleben Wirklichkeit geworden ist.

Sünde bewältigen

Der Psychotherapeut – jedenfalls der von der psychotherapeutischen »Schulmedizin« geprägte – kennt die Worte »Sünde« und »Gott« nicht; er spricht allenfalls von »Fehlverhalten« und »Ichideal« und kann zeigen, wie man eine innere seelische Umlagerung vornehmen kann, damit das »Idealich« erreicht wird.

Der Seelsorger dagegen versucht, dem Ratsuchenden zu zeigen, welches Bild Gott von ihm hat, wie Gott ihn gemeint hat – und wie er demgegenüber im Augenblick ist. In dem Augenblick (»Selbsterkenntnis«), wo der Ratsuchende sieht, wie sein Leben in Gott neu werden könnte, wird er merken, welches Hindernis ihn von dem Bild, das Gott von ihm hat, trennt. Er wird zugeben: jawohl, so möchte ich eigentlich sein, aber aus eigener Kraft kann ich das nicht.

An dieser Stelle wird ihm der Seelsorger aufzeigen, daß dieses Hindernis eben *die Sünde* ist und daß diese die Identität des Menschen zerstört und ihn von Gott, aber auch von seiner Umwelt trennt und ihm eine völlig falsche Perspektive gibt. Sünde ist schlechthin die Zielverfehlung des Lebens.

Der Seelsorger wie sein Klient können die Sünde nicht selbst beseitigen. Das kann nur Gott – und er *will* es auch durch sein geistgewirktes Wort der Vergebung. Die Seelsorge ist also keine »Erlösungstechnik«. Seelsorge verkündigt: »Sie ist die Ausrichtung des Wortes Gottes an den Einzelnen« (Thurneysen), daß Gott die Sünde behoben *hat*; aber dieses Geschehen ist außerhalb der Machbarkeit des Menschen. Wir können Gott nicht beeinflussen, durch keinerlei Technik, Seelenführung, Methoden oder Modelle. Wir können akzeptieren und vollmächtig, weil selbst erfahren, bezeugen: »Es ist vollbracht«, und damit zum Vertrauen rufen. Christus *hat die Sünde hinweggenommen*. Da wird dann die Heilstatsache über die Glaubenstatsache zur Erfahrungstatsache.

Zusammenfassung

Der Psychotherapie ist es möglich, und für diese Möglichkeit bin ich dankbar, die inneren Zusammenhänge zwischen seelischer Fehlhaltung, Schuld, Krankheit und Sünde aufzuhellen und dadurch den Menschen ansprechbar zu machen für die in Christus geschehene Vergebung der Sünden. Aber der Psychotherapie ist es nicht möglich, einen Weg zum Heil und zur Erlösung zu weisen. Ihre »Erlösung« ist und bleibt immer eine Selbsterlösung durch Integration der eigenen Zwiespältigkeit und Gegensätzlichkeit. (Das gilt auch für die Grundansätze der Gruppendynamik!) Und das ist gerade das, was die Verkündigung des Neuen Testaments als Betrug des Satans und als menschliche Überheblichkeit, ja als die eigentliche Sünde des Menschen verdammt.

Es gibt nur eine einzige Lösung, und die ist gegeben in Jesus Christus. Die Psychotherapie dagegen kann lösen, aber nicht erlösen; sie kann heilen, aber kein Heil schenken.

Wenn Schuld und Sünde nicht mehr ernst genommen werden, werden auch Vergebung und Versöhnung nicht mehr ernst genommen. Wenn aber Versöhnung und Vergebung nicht mehr ernst genommen werden, geschieht auch keine echte Befreiung des Lebens mehr.

Es geht also in der Seelsorgepraxis darum, den Menschen nicht nur in der »horizontalen« Dimension zu sehen (Bezug zur Umwelt, zum Mitmenschen, zum Therapeuten), sondern auch und vor allem in seiner »vertikalen« Dimension (Gottesbezug). Wer auf der horizontalen Ebene verharrt, enthält dem Rat- und Hilfesuchenden das Eigentliche seines Heilwerdens vor.

Mehr zu dieser Thematik im Buch des Autors »Mit Streß leben« (Hänssler-Verlag).

Glaube und Medikamente

Wie verhalten sich Glaube und Medikamente zueinander?

Drei Aussagen dazu.

- »Ich habe über mir beten lassen und man hat mir gesagt, ich solle glauben. Da habe ich alle Medikamente weggeworfen. Aber es ist nicht besser geworden.«
- »Eigentlich müßte ich glauben, aber offensichtlich ist mein Glaube nicht groß genug?«
- »Ich bin geheilt. Gott hat mich geheilt. Ich will das glauben, auch wenn ich davon noch nichts sehe.«

Was drücken sie aus?

- Man rechnet mit einer automatischen Wirkung des Gebetes, ohne über die Zusammenhänge von Heil, Heiligung und Heilung nachgedacht zu haben.
- Man sieht die Krankheit als Strafe für mangelnden Glauben an, ohne ihren tieferen Sinn zu bedenken.
- Man proklamiert eine Heilung – wie einen Trick – in der Meinung, dann würde sich der Erfolg einstellen, ohne sich mit dem Willen Gottes und der eigenen Lebensführung intensiv auseinanderzusetzen.

Die Bedeutung des Glaubens im Kranksein:

– *Grundsätzlich:*
Eine positive Grundeinstellung hat eine entsprechend positive Auswirkung. Wer stets seine Beschwerden wie ein Glaubensbekenntnis vorträgt, der steht in Gefahr, sein Denken auf seine Krankheit zu fixieren.
Wer in einer positiven Erwartung lebt, bei dem wird der gesamte Organismus entspannt. Das kann sich unter Umständen heilend auswirken.

– *Speziell:*
- Beachten wir: Gott ist als der Schöpfer auch heute noch der Allmächtige, dem keine Grenzen gesetzt sind, der allein Gesetze schafft und aufheben kann, wie es ihm gefällt. Aber diese göttliche Weisheit ist nicht unsere Weisheit. Wir können nicht darüber verfügen und sie nicht zwingen!

- Nehmen wir zur Kenntnis: Wir können Gott nicht zu unserem Bediensteten machen, der ständig zu unserer Verfügung zu stehen hat. *Wir* sollen *ihm* zur Verfügung stehen, ohne Bedingungen und Vorbehalte!

- Bedenken wir: Wenn eine Mutter bei jedem Stolpern und Fallen ihres kleinen Kindes sofort herbeieilt, um es aufzuheben, gibt sie ihm gar keine Chance, seine eigenen Möglichkeiten zu erproben!

- Merken wir: Hier läuft etwas verkehrt! Eine Verwöhnung kann lebens- und leidensunfähig machen!

Richtiges Verhalten:

– *Grundsätzlich:*
Gott wartet wie eine gute Mutter darauf, daß wir
aufstehen, wenn wir hingefallen sind.

• Wenn wir Hunger haben, beten wir zu Gott um
das tägliche Brot. Aber niemand käme doch auf
die Idee, im Bett liegen zu bleiben und zu beten,
daß Gott ein Tablett mit den herrlichsten Speisen
bringt. Natürlich versorgt uns Gott. Aber nicht
so, daß immer »Wachteln und Manna« vom
Himmel fallen. Das gilt für außergewöhnliche
Lebenslagen, und die sind nicht die Regeln. *Es
gibt Wunder, aber wir leben nicht von Wundern!*

• Normalerweise wird es heißen: Steh auf, zieh
dich an! Arbeite und verdiene so viel, daß du
dein Brot beim Bäcker kaufen kannst. Du hast
zwei Hände und zwei Beine; geh und tu, wozu dir
deine Glieder gegeben sind! Dasselbe gilt für
unseren Verstand. Wir haben ihn erhalten, um
mit ihm zu überlegen, was zu tun ist!

– *Speziell:*
• *Physische Krankheit:*
Meistens ist es für uns keine große Anfechtung,
Medikamente zu nehmen, wenn wir uns den
Magen verdorben haben. Da wissen wir: jetzt
sollen wir zunächst einmal fasten und vielleicht
ein wenig schwarzen Tee trinken. Hinzu nehmen
wir Medikamente, die sich bei diesem Übel
bewährt haben; ähnlich ist es, wenn wir Kopf-
schmerzen haben. Wenn wir uns ein Bein gebro-
chen haben, wird es geröntgt und dann einge-
gipst. Ist eine Operation notwendig, gehen wir
ins Krankenhaus.

- *Psychische Krankheit*:
  Auch unser Geist und unsere Seele können krank werden. Es genügt, wenn man sich über Jahre hinweg falsch ernährt hat. Dann gerät der ganze Stoffwechselhaushalt durcheinander. Die Folge davon kann sein, daß man nicht nur physisch, sondern auch psychisch krank wird. Dann muß die Ernährung umgestellt werden; die Substanzen, die dem Körper fehlen, müssen ihm zugeführt werden.
  Wer zu wenig ißt, wird krank, aber auch wer zu viel ißt. Ähnlich verhält es sich auch mit Medikamenten.

- *Unterscheiden lernen, was die Ursache ist:*
  Es gibt auch seelische Erkrankungen, die nicht in erster Linie organisch bedingt sind, sondern einen geistig-geistlichen Hintergrund haben. Wenn man beispielsweise depressiv geworden ist, weil man zu viel Ärger hatte, dann wäre es töricht, diesen Ärger mit Medikamenten zu bekämpfen. Er will auf angemessene Weise verarbeitet werden. – Wenn man depressiv geworden ist (und dasselbe gilt auch für andere Krankheitsbezeichnungen), weil man mit seinen Eltern nie zurechtgekommen ist, dann werden Medikamente das Problem nur überspielen, nicht aber heilen. Dann gilt es zu lernen, mit den Eltern auf einer neuen Basis umzugehen, sich verständlich zu machen, um verstanden zu werden. Bei Groll und Bitterkeit hilft Vergebung!
  Nun können Konfliktsituationen auch körperliche Schäden nach sich ziehen, so daß beides erforderlich wird: die Seele muß durch Bewältigung des Konfliktes geheilt und der Schaden,

der dem Körper entstanden ist, durch Medikamente aufgefangen werden!

Grundsätzlich gilt:

– Anfechtungen können nicht durch Medikamente besiegt werden. Ein geistlicher Kampf muß auf geistlicher Ebene ausgefochten werden (1 Kor 13; Eph 6,10–20).

– Aber bei körperlichem Schaden gelten andere Gesetze; da sind der Arzt und die Medikamente gefragt.
  - Beides ist richtig: Gebet und Medikamente. Jedes zu seiner Zeit. Beides ist von Gott gegeben, darum können wir weder das eine noch das andere verachten.
  - Für die Einnahme von Medikamenten gilt der Satz: So viel wie nötig, so wenig als möglich!
  - Für das Gebet gilt der Satz: »... in allen Dingen lasset eure Bitten im Gebet und Flehen mit Danksagung vor Gott kundwerden« (Phil 4,6).

Einige Sätze aus Jesus Sirach fassen das gerade Gesagte gut zusammen:

> »Schätze hoch den Arzt, so wie er nötig ist, denn Gott hat ja auch ihn erschaffen. Von Gott erhält der Arzt die Weisheit ... Gott bringt aus der Erde Heilgewächs hervor, und wer vernünftig ist, verschmäht es nicht. Ist nicht durch Holz das Wasser süß geworden, um seine Kraft zu offenbaren? Dem Menschen hat er den Verstand gegeben, um sich durch seine Machterweise Ehre zu verschaffen.

Hierdurch behebt der Arzt den Schmerz, und auch der Salbenmischer fertigt Salben, damit sein Schöpfungswerk kein Ende nehme, noch Heilerfahrung von der Erde schwinde.

Mein Sohn, in Krankheit säume nicht und bete zu Gott, denn er nur macht dich gesund! Laß ab vom Frevel, ordne deine Hände und reinige das Herz von allen Sünden. Doch auch dem Arzt gewähre Zutritt. Er soll nicht weichen, denn auch er ist nötig. Denn zur gegebenen Zeit liegt der Erfolg bei ihm.

Auch er fleht im Gebete ja zu Gott, daß er die Untersuchung ihm gelingen lasse und auch die Heilung zur Erhaltung eines Lebens«

(Jesus Sirach 38,1–15 auszugsweise).

Angst, aber . . .

Angst ist ein Phänomen, das vielen Menschen in unseren Tagen zu schaffen macht. Einerseits ist sie undefinierbar. Man kann nicht sagen, woher sie kommt, aber sie treibt mächtig um. Andererseits ist sie so konkret, daß man sie beschreiben kann. Ich denke z. B. an die vielen Langzeitkranken. Da hat Angst bei Tag und Angst bei Nacht ein anderes Gesicht. Sie konkretisiert sich in Fragen: Was wird die Diagnose bringen? Tritt eine Veränderung ein zum Guten, zum Schlechten? Oder, je nach Lebenslage: werden meine Angehörigen mich weiter tragen und ertragen? Werde ich selber die Geduld haben, die Spannung auszuhalten? Solche Gedanken treiben in die Enge, und das hat seine Auswirkungen auf Leib, Seele und Geist. Sie beschneiden den Lebensraum. Sie blockieren das Denken, und sie unterlaufen auch das gottvertrauende Denken.

Ich darf Angst haben

Wenn wir in eine solche Lage kommen, ist es gut, sich nicht nur einzugestehen, sondern auch zuzugestehen: ja, ich habe Angst! Mir bereiten alle diese Fragen Not. Mir machen diese Gedanken zu schaffen. Verdrängen dieser Angst ist keine Hilfe! Die Bedrängnis wird dadurch nur noch größer.
Angst zunächst zu akzeptieren, nicht zu verdrängen, ist der erste Schritt zu ihrer Bewältigung. Ich finde das unwahrscheinlich befreiend, daß ich Angst haben

darf. Allein schon dieses Sich-zugestehen ist Entkrampfung!

Wie gehe ich mit meiner Angst um?

Worauf konzentriere ich mich, wenn ich diese Angst – welchen Namen sie auch immer trägt – bewältigen bzw. mit ihr leben lernen will?
Dies entscheidet sich in meinem Denken. Lasse ich mich bestimmen von einem situationsbezogenen Denken, dann wird die Angst mich gefangennehmen. Übe ich mich aber ein – und das wird immer ein Einüben bleiben – in ein gottvertrauendes Denken, dann kann ich erfahren: mitten in der Angst bist DU, Gott, da! Gott bagatellisiert unsere Angst nicht. Er gesteht sie uns zu. Er läßt uns durch Jesus sagen: »In der Welt habt ihr Angst« – das ist eine Feststellung, aber dahinter ist kein Schlußpunkt, sondern im Grunde genommen ein Doppelpunkt: »...aber seid getrost, ich habe die Welt überwunden« (Joh 16,33).

Auf wen schaue ich?

Auf *wen*, nicht auf *was* wir schauen, entscheidet darüber, ob es in unserem Denken zu einem gottvertrauenden oder gottmißtrauenden Aber kommt! Das zeigt so eindeutig ein Bericht aus dem Matthäusevangelium, Kap. 14, 22–33. In ihm kommt mehrmals das kleine, so entscheidende Wort *aber* vor, und zwar in einer Wechselbeziehung:

> »In der vierten Nachtwache kam Jesus zu ihnen und ging auf dem See. Und als ihn die Jünger auf dem See gehen sahen, erschraken

sie und riefen: Es ist ein Gespenst! und schrien vor Furcht. *Aber* sogleich redete Jesus mit ihnen und sprach: Seid getrost, ich bin's; fürchtet euch nicht! Petrus *aber* antwortete ihm und sprach – gottvertrauend –: Herr, bist du es, so befiehl mir, zu dir zu kommen auf dem Wasser. Und er sprach: Komm her! Und Petrus stieg aus dem Boot und ging auf dem Wasser und kam auf Jesus zu.« Und jetzt kommt das mißtrauende Aber: »Als er *aber* den starken Wind sah, erschrak er und begann zu sinken und schrie: Herr, hilf mir!«

Aus dem, was mich ängstet, ein Gebet machen!

»Herr, hilf mir!« –dieses Gebet ist für mein persönliches Leben zu einer ganz entscheidenden seelsorgerlichen Hilfe geworden. Ich habe gelernt, nicht nur in den Stunden, sondern auch in den Phasen, wo ich zu sinken drohe, aus meinem mißtrauenden Denken, meinen Sorgen, meiner Angst ein Gebet zu machen; ich sage: »Herr Jesus Christus, ich bin verzagt, ich bin kleingläubig, es ist zum Aufstecken, ich weiß nicht mehr weiter . . .« Das ist dieses: »In der Welt habt ihr Angst!« Ich gestehe es mir ein und zu, daß ich so denken und empfinden darf.
Mein Gebet geht dann aber weiter: ». . . *aber* weil du da bist, ist es nicht hoffnungslos; *aber* weil du da bist, brauche ich nicht aufzustecken; *aber* weil du da bist, brauche ich nicht zu verzagen . . .!«

Das neue Denken hilft neu leben!

Ich habe festgestellt, daß mir durch solch gottvertrauendes Denken, durch das »innere Schauen« auf Jesus, geholfen wird. Ich erfahre das *Aber* Jesu: »Jesus *aber* streckte sogleich die Hand aus und ergriff ihn und sprach zu ihm: Du Kleingläubiger, warum hast du gezweifelt? Und sie traten in das Boot, und der Wind legte sich.«

Das lasse ich mir dann auch gerne sagen, dieses »warum?«, denn es beinhaltet für mich beides: Kritik an meinem mangelnden Vertrauen, aber auch Ermutigung für mein neues Verhalten!

Es ist meine feste Überzeugung: in jeder Lebenslage der Angst gibt es die Möglichkeit, Jesus zu begegnen, zu erfahren: »Aber der Herr ist immer noch größer, größer, als man denken kann!«

Ich möchte Sie ganz herzlich ermutigen zu diesem gottvertrauenden *Aber*, daß Sie ihre Hand getrost in die ausgestreckte Hand Jesu legen. Sie werden staunen, ganz ähnlich wie die Jünger: »Die *aber* im Boot waren, fielen vor ihm nieder und sprachen: Du bist wahrhaftig Gottes Sohn!«

Mehr zu diesem Thema auf der Cassette »Die Macht der Gedanken« (Nr. 11015 im ERF-Verlag).

Trost und Trösten

»Bin ich ein Schwächling, wenn ich in schweren Führungen Trost brauche? – Was ist denn Trost?«

Es gibt Menschen, die glauben, keinen Trost zu brauchen. Sie reagieren verächtlich, wenn das Wort »Trost« fällt. Sie sind der Auffassung, Trost und Tröstung komme nur für sensible, unselbständige Menschen in Frage, die ihre Lebensuntüchtigkeit damit überdecken müßten.

Das Leben lehrt Tiefpunkte

Man kann dem, der so denkt, eigentlich nicht böse sein. Er hat wahrscheinlich die Trostlosigkeit des Lebens noch nie erfahren. Wer sie nicht kennt, kann nicht mitempfinden. Doch die Wirklichkeit des Lebens lehrt so viele Tiefpunkte, so viel Ohnmacht, so viel Einsamkeit, Ungeborgenheit, innere Zerrissenheit und Hilflosigkeit, die nach einem tröstenden Wort, nach einer tröstenden Tat schreien.

Trost – keine Vertröstung

Orientieren wir uns an der Heiligen Schrift, wie Jesus verzweifelten Menschen begegnete, dann finden wir nie plumpe Worte der Ermunterung, wie sie nur allzuoft und allzuschnell unbedacht gebraucht werden: »Mach dir nichts draus!« – »Nimm's nicht zu schwer!« – »Es lohnt sich nicht, darüber nachzudenken!« Solche Worte sind keine Trostworte, keine Antwort auf die bohrenden Fragen; sie sind Vertröstung.

Trost hat Tiefenwirkung

Wahrer Trost bleibt nicht an der Oberfläche. Er hat Tiefenwirkung. Er geht ins Herz des Betreffenden. Er ist nicht primär das Abschütteln und Beseitigen von Leid, Schmerz, Not und Einsamkeit, sondern die Kraft, mit der die Belastungen getragen werden.

Diese Kraft bekommen wir einzig und allein von Gott, der uns zusagt: »Ich will euch trösten, wie einen seine Mutter tröstet« (Jes 66,13). Wie tröstet denn eine Mutter ihr Kind, das sich wehgetan hat? Doch nicht, indem sie sagt: »Sei still! Hör' endlich mit dem Weinen auf!« Sie tröstet, indem sie das weinende Kind an ihr Herz drückt. Der Trost ist sie selbst, ihre Liebe, ihr Verstehen, ihre streichelnde Hand. Der körperliche Schmerz des Kindes mag bleiben, und es ist doch getröstet, weil es sich geborgen weiß in der Liebe der Mutter.

Liebe tröstet! Trost ist somit die Kraft, den Erschütterten wieder aufzurichten und zu stärken. Im Trösten erweist sich ein Stück Treue, mit der der Tröstende den zu Tröstenden begleitet. Trost empfange ich also von dem, dem ich vertrauen kann.

Die Quelle des Trostes

Darum ist ein Mensch, der Gott kindlich vertraut, an der Quelle des Trostes. Immer, wo wir es wagen, uns auf ihn und sein gegebenes Wort zu verlassen, zeigt die Erfahrung: wir sind nicht verlassen. Gott ist gegenwärtig. Diese Gewißheit wird zum Trost und zum Halt in allen Enttäuschungen, in allem Leiden, selbst im Sterben. Diese Gewißheit gibt Kraft zur Liebe und zum Erfüllen der Lebensaufgaben. Diese Gewißheit: Gott ist bei mir, er kennt mein Leben und Leiden, meine Kraft und mein Versagen; ich kann ihm restlos vertrauen, denn er versteht mich und hat mich lieb – diese Gewißheit ist der Trost heute und allezeit und für jeden, der sich trösten lassen will.

Getröstete werden zu Tröstern

Als so Getröstete können wir andere trösten im Wort und in der Tat. Eine der entscheidenden Voraussetzungen dazu ist die Bereitschaft, Zeit zu investieren, zuzuhören, und so die Not und das Leid mit dem anderen zu teilen. Auch wenn wir nicht immer einen entscheidenen Rat zur Löung der Schwierigkeiten haben, so können wir doch zusammen beten und die Situation dem anbefehlen, dem es an Mitteln nicht fehlt, zu helfen und zu trösten: Gott, unserem himmlischen Vater.

Trösten ist eine Gabe, doch sie ist nur zum Teil angeboren. Zum größten Teil ist sie angeweint. Je reichhaltiger und tiefer ein Mensch im Schmerz war und darin erfuhr, was Hiskia sagte: »Siehe, um Trost war mir sehr bange. Du aber hast dich meiner Seele herzlich angenommen, daß sie nicht verdürbe«

(Jes 38,17) – desto eher findet er die Brücke zu anderer Menschen Weinen. Denn nur wer Brücken hat, – weil er das Getröstetwerden an sich selbst erfahren hat – kann ans jenseitige Ufer, also den anderen Menschen erreichen, um ihn zu trösten.

Mehr zu diesem Thema im Buch des Autors: »Mein Gott, mein Gott, warum?« (Hänssler-Verlag).

Bewährung in Anfechtung

»Wie kann ich Anfechtungen einordnen und mich in ihnen bewähren?«

Bedeutung des Wortes »Anfechtung«:
- Auf die Probe stellen, etwas oder jemand auf seinen Wert hin prüfen (Ps 26,2; 1 Tim 3,10).
- Versuchen, anreizen zur Abweichung vom gegebenen Maßstab (Zielverfehlung = Sünde = Trennung von Gott) (Jak 1,14.15).
  Nur der Glaubende wird angefochten!

Anfechtungen sind unvermeidlich
- Jeder wird versucht; aber man kann der Versuchung widerstehen (1 Mo 4,7; Gal 5,16).
- Anfechtungen an sich sind keine Sünde; sie werden es erst, wenn man ihnen nachgibt. (Mt 4,1–11; Jak 1,15).

Arten der Anfechtung:
- Innere Anfechtungen: Eigene Lust, Streben nach Reichtum, Geltungsstreben, Macht, Neid (1 Mo 3,6; 1 Tim 6,9 f.; Jak 1,14).
- Äußere Anfechtungen: Verfolgung um Jesu willen, Hohn, Spott, Haß, Leid, Krankheit, Zurückgesetztwerden (Mt 10,22: Joh 15,18; 16,2).

Urheber der Anfechtungen:
- Gott versucht niemanden zum Bösen, wie er selbst nicht zum Bösen versucht werden kann; er führt

jedoch in Prüfungen und kann Versuchungen zulassen. Ziel: die Bewährung des Glaubens (1 Mo 22,1 bis 19; Hi 1,12; Jak 1,12f.)!

● Versuchungen kommen vom Teufel. Ziel: Trennung von Gott; Vernichtung des Glaubens (Hi 1,11; Lk 22,31f.).

Hilfen zur Stärkung des Glaubens:

● Wachen und beten (Mk 14,38; 1 Thes 5,6.17; 1 Petr 5,8).

● Lesen der Heiligen Schrift (Ps 119,105; 2 Tim 3,16f.; Hebr 4,12).

● Das »leere Haus« mit Positivem füllen (Mt 12,43 bis 45).

● Anlegen der »Waffenrüstung Gottes«, auch hinsichtlich der Absicherung vorhandener »Schwachstellen« (2 Kor 2,11; 11,14; Eph 6,10–17).

● Gemeinschaft mit anderen Christen (Apg 2,42; Eph 4,15f.).

Verhalten in Versuchungen:

● Vermehrtes Gebet (Mt 26,36–46).

● Mit dem Wort Gottes Widerstand leisten – Versuchung von vornherein abwehren (Mt 4,1–11; Eph 6,17; 1 Petr 5,9; Jak 4,7).

● Gebet mit Blick auf die Gabe und Tugend, die man braucht; nicht auf die Lasten und Sünden sehen; aufsehen auf Jesus Christus (Hebr 12; Röm 12,2; Joh 15,5).

● Freuen darüber, daß Jesus uns vor Gott vertritt und der Glaube, wenn er bewährt ist, Geduld sowie Vollkommenheit wirkt (Lk 22,32; Phil 4,4; 1 Thes 5,16; Jak 1,2–4; Röm 5,3–5).

● Danken, daß auch die Prüfungen und Versuchungen uns zum Besten dienen (Ps 50,15; Röm 8,28; Eph 5,20; Ps 68,20; 1 Kor 10,13; 1 Thes 5,18).

- Keine Furcht vor dem Feind muß uns bestimmen;
  der Sieg ist durch Jesus Christus bereits errungen
  (Ps 27,1–3; Kol 2,15; Röm 8).
- Denen verzeihen, die an uns schuldig geworden
  sind (Mt 6,12; Kol 3,13).
  Mein Verhalten in der Krise entscheidet über den
  Ausgang der Anfechtung (5 Mo 11,26–28; Joh
  16,33)!

Bei wiederholtem Versagen:
- Auch aus einer Niederlage kann gelernt werden;
  nach dem Bekennen der Schuld im Wissen um die
  Vergebung dankbar und froh weitergehen (Spr
  28,13; Röm 8,28; 1 Joh 1,9).
- Die Situation beachten, in der man versagt hat, um
  daraus zu lernen und bei späteren Prüfungen und
  Versuchungen gewappnet zu sein (Mt 11,28; Jer
  6,16).
- Prüfen: wie sieht mein Verhältnis zu Jesus aus?
  Lebe ich im Licht, oder wiege ich mich in falscher
  Sicherheit? (Joh 1,7; Offb 3,14 21).
- Bei immer neuem Versagen in ein und derselben
  Sache das seelsorgerliche Gespräch suchen, damit
  Hintergründe aufgedeckt und aufgearbeitet wer-
  den können (Ps 139,23.24; Ps 32; Mt. 18).

Ziel der Anfechtung:
Engere, ungetrübte Gemeinschaft mit Gott! Von
Gott für Gott gebrauchsfähiger gemacht werden
(Röm 5,1–5; 1 Petr 5,10; Jak 4,7 f.; Offb 3,5)!

Zum Nachdenken:

>»Ein Christ sein heißt, die Anfechtung beja-
hen, weil die Anfechtung der Ort ist, in dem
der Glaube entsteht und glaubhaft bleibt«
(Paul Schütz).
>»Die Stunde der Anfechtung wird niemandem
geschenkt. Nur in ihr lernt der Mensch sich
selbst kennen und ahnt, welche Entscheidungen von ihm erwartet werden« (Alfred Delp).

Kann Leiden wertvoll werden?

Mit »*Leid*« wird eine Grundgegebenheit des Lebens beschrieben, die erst in der Ewigkeit aufgehoben sein wird. »*Leiden*« meint den konkreten Einzelfall, der sich im Leben eines Menschen ereignet.

Leiden begegnet uns in vielerlei Gestalt:
Physisches, psychisches, geistliches, existentielles, soziales, ökologisches, politisches Leiden, Leiden um der Gerechtigkeit willen, Leiden um des Glaubens willen u. a.

Warum Leiden? (Theodizeefrage)
Leiden gibt es aufgrund der richterlichen Strafe Gottes für das Übertreten seiner Gebote (1 Mo 2,17; 3,16 ff.). Und doch muß differenziert werden:

- Gott ist nicht für selbstverschuldetes Leiden verantwortlich zu machen (Ps 32).
- Sich der »Warum-Frage« aufrichtig zu stellen, kann hilfreich zu gottgewollter Veränderung (»Wozu«) sein (Lk 21,34; 1 Petr 5,7).
- Es gibt auch Leiden, das sich menschlichen Lösungsversuchen entzieht (Hi 4,7–9; 42,4).

Gottes Antwort:
Die Strafe, die allen Menschen gilt, hat Jesus Christus auf sich genommen (Jes 52,13–53,12; Joh 3,16; Röm 8,32).
Das Leiden der Kinder Gottes dauert nicht ewig (Röm 8,17 ff.; 2 Kor 4,16–18; Offb 21,1–7).

153

Sinn, Zweck, Ziel, Absicht des Leidens:

Leiden zur Sündenerkenntnis (Ps 32; 51).

Leiden, das zum Glauben führt (2 Kö 5,1–19; Mk 9,17ff.).

Leiden als Mittel der Liebe Gottes: Erziehungsleiden (Hebr 12,5–7.11); Prüfung (Ps 66,10–12, 1 Petr 5,6); Heiligung, Geduld, Demut (Röm 5,3–5; 2 Kor 12,7ff.); Läuterung (2 Kor 1,6f.). Leiden um Christi willen (Mt 5,10ff.; Mk 8,34; Joh 15,18ff.).

Leiden zur Verherrlichung Gottes (Joh 9,2f.; 11,4; 1 Kor 1,26ff.).

Seelsorgerliche Aspekte:

- Leiden führt näher zu Gott und ins Gebet (Jes 38; Ps 62,2; 2. Kor 1,8–11). Wir haben Zeit, über uns selbst, über unser Verhältnis zum Nächsten und zu Gott nachzudenken.

- Leiden trägt zur Reifung der Persönlichkeit bei (Hi 42,2–5). Wir machen Erfahrungen, die nur auf dem Weg des Leidens gesammelt werden können (z. B. Geborgenheit in Gott; er hält Wort!).

- Leiden lehrt, die Begrenzungen des Lebens erkennen (Phil 4,11ff.). Wir lernen bewußter mit dem eigenen Leben umgehen und ganz neu Prioritäten zu setzen.

- Leiden hilft, andere besser zu verstehen (2 Kor 1,3f.). Wir werden barmherziger, im Raten weiser.

- Leiden führt den Glauben in die Bewährung (Jak 1,2–4).

- Leiden öffnet den Blick für die Herrlichkeit Gottes (Röm 8,17ff.; 1 Petr 1,3–9). Wir ziehen Konsequenzen für unseren Weg, wenn wir bewußt die Ewigkeit als Ziel vor Augen haben.

Der Mensch begegnet im Leiden aber auch dem

Bösen (Lk 22,31f.), so daß er Gefahr läuft, in der Anfechtung zu unterliegen (Eph 6,10ff.); hart zu werden gegen sich, andere und den Ruf Gottes (1 Petr 4,12); in Verbitterung und Selbstmitleid zu verfallen (Hi 2,9; Jer 15,17; Jon 4; Joh 11,32: Hebr 12,15); zu resignieren, eine Abwehrhaltung einzunehmen oder zu flüchten (1 Kö 19; Joh 5,6f.).

Hilfen zum Umgang mit dem Leiden:
- *Hintergründe erfragen:* Hat körperliches Leiden seelische Ursachen (psychosomatisch) oder soziale Gründe (Einsamkeit, Außenseiter, Familien-, Eheprobleme)? Hat seelisches Leiden soziale Gründe? Liegt die Ursache für das Leiden in nicht vergebener Schuld?
- *Unüberwindbares Leiden annehmen,* »Ja-sagen« lernen, gottvertrauendes Denken üben: Weil ich getragen werde, kann ich tragen und ertragen! Weil ich gehalten werde, kann ich festhalten und durchhalten! Die Liebe Gottes kann zwar durch Enttäuschungen, Anfechtungen, Versuchungen verhüllt werden, aber sie bleibt mir immer zugewandt!
- *Überwindbares Leiden überwinden lernen:*
- Schuld bekennen, wenn nicht vergebene Schuld Ursache des Leidens ist (Ps 32,3–5); ungeordnete Beziehungen ordnen; sein Leben unter Gottes Herrschaft stellen.
- alle medizinisch-therapeutischen Möglichkeiten ausschöpfen
- sich durch Gottes Wort ermutigen lassen und die Zusagen von Heil und Heilung für sich in Anspruch nehmen (2 Mo 15,26; Jer 17,14; Röm 8,35ff.).
- das Gebet als Kraftquelle für Veränderung nutzen. (Jes 38,2–6; Jak 5,13–16; Apg 16,25–26). Fürbitte

üben, um vom Drehen um sich selbst wegzukom-
men (Gal 6,2; 1 Tim 2,1).
- durch die Gemeinschaft mit anderen Christen den
eigenen Horizont erweitern, d. h. nicht mehr auf
sich selbst und das eigene Leiden fixiert sein;
Lebens- und Glaubenshilfe geben; da sein für andere (Röm 12,15; 1 Kor 12,26).
- aktiv werden, Initiativen ergreifen, sein durch Leiden begrenztes Leben innerhalb dieser Grenzen
bewußt gestalten (z. B. als Behinderter einen Beruf
erlernen; als Einsamer Kontakte knüpfen; Hobbys
ergreifen).

Zum Nachdenken:

>Das Evangelium ohne Leiden gehört in den
Himmel. Das Leiden ohne Evangelium gehört
in die Hölle. Das Evangelium mit Leiden
gehört auf die Erde«
(Ernst Klein).

>Ich glaube, daß Gott aus allem, auch aus dem
Bösesten, Gutes entstehen lassen kann und
will. Dafür braucht er Menschen, die sich alles
zum Besten dienen lassen«
(Dietrich Bonhoeffer).

>Ich glaube, daß Gott uns in jeder Notlage
soviel Widerstandskraft geben will, wie wir
brauchen. Aber er gibt sie nicht im voraus,
damit wir uns nicht auf uns selbst, sondern
allein auf ihn verlassen. In solchem Glauben
müßte alle Angst vor der Zukunft überwunden
sein«
(Dietrich Bonhoeffer).

»Da die Wasser wuchsen, hob sich die Arche in die Höhe. Das Leiden soll uns in die Höhe tragen«
(Anselm von Canterbury).

»Leid ist Nachsitzen in der Schule der Freude«
(Peter Horton).

»Wer die Wege Gottes verstehen will, der muß das Ende abwarten«
(Walter Nitsch).

»Das Leiden ist keine Strafe, sondern ein Besuch Gottes«
(Walter Nitsch).

»Im Grunde ist nicht halb soviel Leiden im Leiden wie in der Auflehnung gegen das Leiden«
(C. H. Spurgeon).

»Schweres Leiden bedeutet tiefere Segnungen. Unsere Arbeit wird durch Prüfungen nicht gehindert, sondern vertieft und erweitert«
(Hudson Taylor).

»Alles Leid hat gestaltende Kraft. Gleich dem Bauern, der den Acker bestellt, wenn er mit dem Pflug tiefe Fruchen zieht, reißt es unsere Herzen auf und macht sie empfänglich für gute oder schlechte Saat (unbekannt).«

»Leiden sammelt unsere Sinne, daß die Seele nicht zerinne in den Bildern dieser Welt; ist wie eine Engelwache, die im innersten Gemache des Gemütes Ordnung hält«
(Karl Friedrich Harttmann).

»Ich weinte, weil ich keine Schuhe hatte, bis ich einen sah, der keine Füße hatte«
(unbekannt).

»Zu lernen, was Gott uns im Leiden sagen will, ist wichtiger, als aus ihm herauszukommen«
(Hudson Taylor).

Wie kann Gott das zulassen?

Diese Frage wird nicht nur von Menschen gestellt, die sich um Gott sonst nicht kümmern, sondern auch von solchen, die um eine Antwort in dieser entscheidenden Frage ringen. Sie durchzieht z. B. das ganze Buch Hiob. Halten wir fest:

1. Wir dürfen diese Frage stellen!

Wir brauchen weder Angst zu haben, das sei nicht christlich, noch, wir würden uns an Gott versündigen. Gott ist ein Gott, der sich in Frage stellen läßt. Alles darf man ihn fragen! Das Verdrängen dieser und anderer Fragen, die damit zusammenhängen, ist keine Hilfe. Es bringt uns vielmehr in noch größere Bedrängnis. Wir sollen aus unseren Fragen und Klagen ein Gebet, ein Gespräch mit Gott machen.
Wer damit jedoch Gott zur Rechenschaft ziehen will, wird keine Antwort auf seine Fragen bekommen. Vielmehr wird er dann zu dem falschen Schluß kommen: Weil Gott schweigt, gibt es ihn gar nicht. Doch Gott ist da!

2. Wir sollen diese Frage Gott stellen!

Hiob klagt über dem Nichtverstehen seiner Wege nicht ins Leere. Er klagt vor Gott, mit ihm hadert er, mit ihm kämpft er. Er zweifelt nicht, ob Gott da ist, aber er versteht ihn nicht in seinem Handeln. Darum

klagt er diesen ihm feinlich gesinnten »Willkür-Gott«
bei dem gerechten und barmherzigen Gott an, an dem
er trotz allem festhält. Er bleibt an der richtigen
Adresse. Er sagt immer »du«: »Du, Gott...«
Mit Gott sich gegen Gott verbünden kann nur einer,
der auf diesen Gott wider alle Erfahrung, wider allen
Augenschein hofft. So kann er bei Gott vor Gott
Schutz suchen. Das ist wichtig und entscheidend.

3. Die Frage wird von Gott beantwortet, wenn auch ganz anders, als von uns gedacht!

Gott bringt keine Lösung der bedrängenden Fragen;
vielmehr konfrontiert er Hiob mit dem undurchdring-
lichen Geheimnis, das Gott heißt (Hi 38,2–4). Hiob
hatte gemeint, sich mit Gott über Recht und Unrecht
verständigen zu können. Nun muß er einsehen, daß
dieses Bemühen aussichtslos ist; er erfährt die völlige
Fremdheit des tatsächlichen Gottes.
Doch diese Begegnung mit Gott verändert ihn
(Hi 42,3–6). Sein früheres Wissen von Gott und den
Menschen ist zum Hörensagen verblaßt. Nun steht er
vor dem »ganz anderen«, anbetend, sich beugend,
vertrauend: »Ich weiß, daß mein Erlöser lebt!«
Gott macht das Bild nicht wahr, das man von ihm hat –
nicht Hiobs Bild, nicht das Bild seiner Freunde, nicht
unser Bild. Aus dem Wirrwarr eigener Vorstellungen
über Gott kommt man nur heraus, wenn man diese
Feststellung akzeptiert. Doch indem wir ein neues
Gottesbild bekommen: Er ist anders, als wir denken,
aber da! – erschließ sich uns neu der Zugang zu ihm.

4. Die Frage findet ihre tiefste Antwort in Jesus Christus!

Jesus, der noch weniger als Hiob ohne Gott leben konnte, hat die ganze Verzweiflung dieser Frage aufgenommen in seinem Fragen: »Mein Gott, mein Gott, warum . . .?« (Mk 15,34; Mt 27,46 f.). In diesem Leiden Jesu und auch in seinem Tod hat sich Gott selbst in unser Leid hineinbegeben – er ist nicht mehr der Außenstehende, sondern er ist der am Leid der Welt teilnehmende, der mitleidende Gott geworden.

Der Christ weiß, daß Gott das Leid nicht wegnimmt oder auch nur erklärt. Gott ist vielmehr jener, der das Leid der Welt und damit auch unser persönliches mitträgt. Einem solchen Gott kann ein Mensch vertrauen, ihn kann er lieben. Denn *lieben wird ein Leidender nicht den, der ihm sein Leid erklärt, sondern den, der sein Leid mit ihm trägt.* Deshalb: Was immer geschieht, was immer unseren Kampf, unser Klagen und Anklagen ausmacht, wir wollen dieses »du« festhalten. Dann werden wir es erleben, daß wir gehalten sind – von Gott!

Mein Gott, warum?

In schwerem Leid stehend, macht mir neben der Trauer sehr die Frage zu schaffen nach dem Warum dieses Geschehens. Darf man denn als gläubiger Christ überhaupt so fragen?

»Mein Gott, mein Gott, warum...?« – eine uralte (Ps 22,2; Mt 27,46) und ewig neue Frage. Sie wird immer wieder in Grenzsituationen des Lebens gestellt – auch von Menschen, die an Gott glauben.

Man sollte nicht vorschnell eine Antwort darauf versuchen.

Weder mit dem Hinweis. »Frag lieber: wozu« noch mit der Bemerkung »Gott hat es zugelassen«. Wenn wir einen Weg geführt werden, den wir nicht verstehen, oder einem Geschehen gegenüberstehen, das wir nicht begreifen, werden wir zunächst das Stillehalten und Schweigen lernen müssen. Jedoch nicht als Ausdruck eines Schicksalsglaubens: »Ich muß mich eben dreinfügen«, sondern als Frage an Gott; als wirkliche Frage an den, der allein zu antworten vermag: *»Mein Gott, mein Gott, warum...?«*

Schweigend wollen wir überlegen,

ob das auch jetzt noch stimmt, dieses »mein Gott«, oder ob das »mein« nur leeres Gerede ist. In solchen Lebenskrisen wird nicht Gott gefragt. *Ich, ich, der ich frage, werde in Frage gestellt.* Denn wer Gott zur Rechenschaft ziehen will, ist an der falschen Adresse. »Wer bist du, Mensch, daß du mit Gott rechten willst?« (Röm 9,20). Gott hat es nicht nötig, sich vor uns zu rechtfertigen, eben weil er Gott ist. Er ist der Heilige, der souverän handelt. Er zieht die Fäden im großen und im kleinen. Er ist der Letztverantwortliche, auch wenn wir es nicht begreifen. »Ist auch ein Unglück in der Stadt, das der Herr nicht tut?« (Am 3,6). Gott schaut nicht zu. Er gibt die Gesamtverantwortung nicht ab.

Wir mögen das im Moment gar nicht oder nur sehr schwer begreifen, daß *auch das Furchtbare*, das man vergeblich nach seinem Sinn fragt, *von Gott ist.* Doch wenn wir es anerkennen, ist damit dem sinnlosen und ziellosen Fragen und Klagen ein Ende gesetzt. Es geschieht nichts, was geschieht, ohne den Willen Gottes! –

Ist das nun tatsächlich eine Antwort auf das Leid, das Schreckliche, Unbegreifliche, Erschütternde, das mir oder andern widerfährt? Wird es durch dieses Wissen erträglicher? Man soll darauf wieder nicht vorschnell antworten, weder mit einem Ja noch mit einem Nein. Die Frage führt den Leidenden in die Sinnkrise seines Lebens. Einem Menschen dann zu sagen: »Nimm's aus Gottes Hand«, ist – zunächst wenigstens – durchaus kein Trost. Zu stark bohren die Fragen: Warum ich? Warum jetzt? Wozu das alles? Warum? – Die Fragen werden dadurch erst recht schmerzhaft. Die Sinnkrise wird radikal verschärft: »*Mein* Gott, *mein* Gott, warum...?«

Doch deutet eine Krise immer eine Wende an.

Der Mensch kann sich in seinem Denken und Vertrauen Gott gegenüber verschließen, verhärten und
schließlich von ihm abwenden. Aber auch der andere
Weg steht ihm offen: Die Gewißheit, daß er es bei
allem, auch bei Leid und Schmerz, Schwierigkeiten
und Not, mit seinem Gott zu tun hat. Das ist einmalig
und daher tatsächlich tröstlich: Ich bin kein Spielball
eines blinden Schicksals. Ich bin immer in Gottes
Hand geborgen. »In Freud und Leid, in Glück und
Not bist du mein Herr, bleibst du mein Gott.«
Immer wieder, wenn wir dazu ein Ja finden, reift die
Antwort auf die Frage: »Mein Gott, mein Gott,
warum . . .?« Wir haben dann die einzigartige Chance,
in unserem Angefochtensein zu erfahren, daß Gott
der Herr in allen Lebenslagen ist und bleibt. So ist bei
ihm Leiden eine tiefe Realität, aber nicht eine letzte
Realtität, denn es ist eine Einladung, das Vertrauen
zu ihm wachsen zu lassen. Daraus reift dann auch die
Hilfe.

Mehr zu diesem Thema im Taschenbuch des Autors
»Mein Gott, mein Gott, warum?« (Hänssler-Verlag).

Gottes Plan für mein Leben

»Hat Gott einen Plan mit meinem Leben?
Bin ich dadurch festgelegt?
Was ist, wenn ich ihn durch Ungehorsam
zerstöre?«

In Liedern und Predigten hört man oft – und auch ich
habe es schon gepredigt–: »Gott hat einen Plan mit
deinem Leben.« Was oft soviel heißt wie: »Gott hat
deinen Lebensweg festgelegt, und wenn du ihm nicht
in jeder Kleinigkeit folgst, dann zerstörst du dein
Leben.« Solches Denken von dem ein für alle Mal
fertigen, statischen Plan hat schon viele Gewissen
belastet und Ängste ausgelöst.
Ein Beispiel: Eine Frau kommt in die Seelsorge und
erzählt von ihrer Angst. Sie war Diakonisse, ist dann
aber wieder ausgetreten; sie hat dann geheiratet und
hat einen prächtigen Mann und gesunde Kinder. Aber
ihr Leben ist voller Gewissensqualen: »Ich habe den
Plan Gottes für mich zerstört. Ich hatte doch eine
Berufung, und der bin ich untreu geworden, und das
nimmt mir alle Freude.«
Ein anderes Bespiel: Ein junger Mann bekommt von
einem Seelsorger gesagt: »*Das* ist Gottes Plan für dein
Leben.« Seine Interessen gehen aber in eine ganz
andere Richtung, und jetzt kommt er in Konflikte:
»Darf« ich das denn, meinen Interessen folgen, wenn
Gott doch etwas ganz anderes will (der Seelsorger
hat's ja gesagt)? . . .
Solche Erlebnisse haben mich veranlaßt, meine Bibel
einmal etwas genauer zu lesen zu diesem Thema

»Gottes Plan für mich.« Dabei habe ich folgendes gefunden:

Heilsplan – Heilsweg – Lebensweg

Gott hat mit der Welt einen *Heilsplan*, nach welchem die Erlösung der Menschheit und das Reich Gottes zustande kommt. Dieser Heilsplan ist von Gott schon vor Grundlegung der Welt gefaßt worden (Eph 1,3 bis 11). Er hat feststehende Stationen, die Gott sich von niemandem verrücken läßt (z. B. Erwählung Abrahams und Israels; Berufung der Propheten; Menschwerdung des Sohnes Gottes, sein Sterben, seine Auferstehung, seine Himmelfahrt; Pfingsten; das Wiederkommen Jesu; der neue Himmel und die neue Erde). Der Vermittler und Vollender dieses Heilsplanes ist Jesus Christus, der Mensch gewordene Gottessohn. Seine Person steht deshalb im Mittelpunkt der Bibel. Zu Jesus hin führen alle Wege des Alten Testaments, und von Jesus aus gehen alle Wege des Neuen Testaments (Joh 5,39). Erst durch diese Zusammenschau kann man den ganzen Heilsplan Gottes recht verstehen.

Innerhalb dieses Heilsplanes gibt es den *Heilsweg*, d. h. den Weg, auf dem der Mensch zur Versöhnung mit Gott gelangt. Dieser Heilsweg ist für alle Menschen gleich und heißt Jesus Christus (Joh 14,6).

Drittens schließlich gibt es den *persönlichen Lebensweg*. Dieser ist bei jedem Menschen anders, und zwar auch bei der Bekehrung! Es gibt nur einen Weg zu Gott (eben Jesus), aber es gibt viele Wege zu Jesus. Und auch in bezug auf das sonstige Leben hat Gott mit jedem seine ganz eigene, persönliche Geschichte.

Menschen des »Weges«

Es ist interessant, daß das Neue Testament zur Beschreibung der ersten Christen unter anderem den Ausdruck »Weg« gebraucht: Die Christen sind Anhänger des »neuen Weges« (Apg 9,2; 24,14). Das Wort »Weg« wird dabei nach alttestamentlichem Sprachgebrauch benutzt (vgl. etwa Ps 119) und bedeutet: eine Lebensführung nach den Geboten Gottes – eben nach seinem Heilsweg.

Der vom Heilsweg bestimmte Lebensweg ist also ein Lebensstil, der vom Gehorsam gegenüber Gott geprägt ist. Ein Christ ist nicht nur jemand, der einen ganz bestimmten »Glauben« hat (obwohl der Glaube, das Erkennen der Wahrheit Gottes, natürlich immer die Grundvoraussetzung ist), sondern auch jemand, der diesen Glauben in die Praxis umsetzt. Ein wiedergeborener Christ »lebt« das, was er glaubt; er bekennt seinen Glauben am überzeugendsten durch »den Weg«, den er geht.

Verschiedene Straßen – ein Führer

Ein Bild kann das Gesagte weiter verdeutlichen. Setzen wir an die Stelle des Heilsplanes einen Stadtplan und an die des Heilsweges einen Fremdenführer, der die verschiedenen Straßen und den jeweils richtigen Weg in- und auswendig kennt. Will ich mich in der Stadt nicht verirren, muß ich mich möglichst eng an meinen Führer halten. Ich bin dabei keine Marionette: Gott gibt mir die Freiheit der Kinder Gottes, einen Tcil Eigenverantwortung; er bietet mir jedoch dabei an: Die letzte Verantwortung übernehme ich als dein Führer, also bleibe in Kontakt mit mir.

Halte ich mich nun an meinen himmlischen Führer, kann ich doch auf verschiedene Weise ans Ziel kommen. Wenn ich zehn mögliche Richtungen einschlagen kann, dann ist vielleicht nur eine die richtige – vielleicht aber auch neun. Gott gibt mir oft die Freiheit, zu wählen (Berufswahl, Wohnungswechseln, Partnerwahl u. a.).

Umwege

Halte ich mich nicht an den Führer, muß ich Irrwege, Umwege, Sackgassen in Kauf nehmen. Ich komme vom rechten Weg ab. Damit zerstöre ich aber keineswegs Gottes Heilsplan in meinem Leben; eine weitere Nachfolge ist nicht unmöglich gemacht. Ich muß lediglich erkennen, daß ich mich verlaufen habe, Gott um Vergebung bitten, zu ihm umkehren und mich neu orientieren. Dazu hilft mir Gottes Wort und Geist (Ps 119,105). Weitere Hilfen sind Gebet, Gemeinschaft, Abendmahl (Apg 2,42).
Wer diese Hilfen in Anspruch nimmt, erfährt:
- Ich kann (wie der verlorene Sohn aus Lk 15) auf den Weg des Lebens zurückkommen.
- Es kann sein, daß ich Konsequenzen für meinen Ungehorsam zu tragen habe; aber Jesus bleibt trotzdem mein Führer. Elia mußte nach seiner kopflosen Flucht vor Isebel (1 Kö 19) einen Nachfolger in sein Amt berufen, aber er blieb Gottes Knecht.
- Gott kommt in seiner Gnade mit mir zum Ziel, trotz meiner falschen Wege. Israel zog vierzig Jahre kreuz und quer durch die Wüste; aber es fiel doch nicht aus der Hand Gottes und ließ sich wieder von ihm rufen.

– Oft kann ich erst rückblickend erkennen: Das war
  Führung meines Herrn.

Denken wir zurück an das Beispiel mit der ehemaligen
Diakonisse. Sie erkannte: Ja, ich bin einmal einen
falschen Weg gegangen, es gibt Umwege in meinem
Leben. Aber deswegen ist Gottes Plan für mein Leben
nicht zerstört. Er hat mich nicht verworfen, er will
mich auch jetzt, in dieser neuen Situation, gebrauchen
und führen. – Jetzt kann diese Frau ihres Lebens
wieder froh sein. Sie ist in ihrem Gewissen versöhnt
mit Gott und sich selbst. Auf ganz neue, befreite
Weise kann sie jetzt in der Gemeinde dienen und
ihrem Mann Gattin und ihren Kindern Mutter sein.
Gebundene Kräfte sind frei geworden zu neuer Nachfolge.

Zusammenfassung

Wir sind als Nachfolger Jesu also keine Marionetten.
Gott zieht nicht die Fäden, und wir haben danach zu
tanzen. Nein! Gottes Liebe entläßt uns in die Freiheit
der Kinder Gottes. In eigener Verantwortung dürfen,
sollen und können wir unser Leben gestalten. Eigene
Verantwortung meint aber nicht Eigenwilligkeit – die
führt in die Irre –, sondern Gemeinschaft mit dem, der
der Weg, die Wahrheit und das Leben ist, Jesus
Christus. Er führt zum Ziel (Ps 23,3).

Zum Nachdenken:

– Der schwere Weg ist *nicht* immer der richtige.
– Es kann auch mehrere richtige Wege geben.

- »Gottes Wege sind wie ein hebräisches Buch. Man
  kann sie nur rückwärts lesen« (Martin Luther).
- Irrwege und Sackgassen sind letztlich Einladungen,
  zurückzukehren auf den rechten Weg.

Mehr zu diesem Thema auf der Cassette »Wohin soll
ich gehen« (Nr. 11068 im ERF-Verlag).

Wohin soll ich gehen?

»Ich stehe vor einer wichtigen Entscheidung. Gibt es Kriterien, die mir helfen können, Gottes Willen zu erkennen?«

Ihre Bereitschaft, sich von Gott führen zu lassen, ist die wesentliche Voraussetzung, daß sich sein Wille in Ihrem Leben erfüllt (Ps 27,11; 23,3). Führung vollzieht sich im Zusammenwirken verschiedener Faktoren. Dabei wird einmal dieser, ein andermal jener Punkt in den Vordergrund rücken.

1. Gott zeigt uns den rechten Weg durch sein **Wort** (Ps 119,105). Je besser wir die Bibel kennen, um so klarer werden unsere Entscheidungen sein.
   Achtung: Gottes Wort ist kein Orakel!

2. Gott leitet uns in alle Wahrheit durch seinen **Geist,** verwehrt Wege und macht ihrer gewiß (Apg 16,6 bis 7; Joh 16,13).
   Achtung: Eingebungen prüfen!

3. Gott weist uns seinen Weg durch **Brüder und Schwestern** (Apg 9,10–12,17–19; 13,1–3). Ihre Bestätigung, aber auch ihr Abraten wollen bedacht sein.
   Achtung: Eigenwilligkeit!

4. Gott offenbart uns seinen Willen im **Gebet** (Apg 9,6). Darum brauchen wir viel Zeit zum Gespräch

mit ihm. Auch die Gebetsgemeinschaft führt weiter (Apg 1,24; Kol 4,3).
Achtung: Nicht erst beten, wenn man »nur noch« beten kann!

5. Gott gebraucht auch unseren **Verstand**, um uns seinen Willen zu zeigen (2 Kor 10,2). Auch wenn Glaubenswege oft »unvernünftig« erscheinen, sind sie nichts »Absurdes«. Wesentlich ist, daß wir um Erleuchtung unseres Verstandes durch den Heiligen Geist bitten (Eph 1,17–18).
   Achtung: Nicht für alles eine besondere Offenbarung erwarten!

6. Gott redet durch **äußere Umstände** zu uns (1 Kor 16,9; 2 Kor 2,12). Dabei ist eine »geöffnete« bzw. »geschlossene Tür« wegweisend.
   Achtung: Nicht mit dem Kopf durch die Wand!

7. Gott antwortet auch mit **Zeichen** auf die Frage nach seinem Willen (Ri 6,36–37; 2 Kö 20,8–11). Das können positive wie negative Erfahrungen sein.
   Achtung: Auch der leichtere Weg ist nicht unbedingt der verkehrte!

8. Gott kann in einzelnen Fällen seinen Willen auch durch einen **Traum** oder eine **Vision** deutlich machen (Apg 16,9; 18,9; Mt 1,20).
   Achtung: Wunschträume!

9. Gott erwartet **Gehorsamsschritte** (Mk 10,21; Mt 8,22; Lk 5,6). Die Entscheidung fällt, wenn ich nachfolge und das Nächstliegende tue.
   Achtung: Sicherheitsstreben!

Wenn wir nun trotzdem nicht klarsehen, dann heißt es *warten* (Hebr 10,35–36)! Aber wenn wir nicht mehr warten können, weil die äußeren Umstände eine Entscheidung fordern? Dann entscheiden wir nach bestem Wissen und Gewissen. Dann soll es unsere Bitte sein: Herr, mein Gott, du siehst mein Herz, du kennst meine Motive. Wenn ich falsch entschieden habe, zeige es mir bitte so frühzeitig, daß ich wenig Schaden anrichte (Ps 139,23–24). Korrigiere gnädig! Gott wird den Gerechten nicht ewig in Unruhe lassen (Ps 55,23)!

Mehr zu diesem Thema auf der Cassette »Wohin soll ich gehen?« (Nr. 11068 im ERF-Verlag).

Berufen – auserwählt

»Wie soll ich das Wort Jesu verstehen: ›Denn viele sind berufen, aber wenige sind auserwählt‹? Ich habe immer Angst, nicht dabeizusein.«

Die Einladung

Der von Ihnen zitierte Satz Jesu steht im Gleichnis von der »königlichen Hochzeit« (Mt 22,1–14). Der König (Gott) läßt durch seinen Sohn (Jesus) die Heilszeit (Hochzeit) anbrechen (9,15; 25,1ff.). Mehrmals ergeht die Einladung (Berufung, 1. Thes 2,12f.) an die Gäste (Israel). Erst als sich diese weigern, ja die Knechte (Propheten, Apostel) töten, läßt der König holen, wen man findet, Gute und Böse auf den Straßen (Heiden).

Das Hochzeitskleid

Eins aber braucht jeder der Gäste, der die Einladung annimmt: ein passendes Kleid, das der Gastgeber jedem Geladenen schenkt (Gerechtigkeit, die dem Glaubenden durch Jesu Sühnetod zugeteilt wird, Röm 3,14; Offb 3,4f.; 22,14). Ein Gast hält sich für gut genug. Er lehnt das angebotene Kleid ab (Offb 3,18; 6,11; 7,9.14; 19,13). So scheitert seine Berufung, und er wird von der Hochzeitsfeier (Erwählung) ausgeschlossen.

Gottes Wille – mein Wille

»Gott will, daß allen Menschen geholfen werde...«
(1. Tim 2,4). Aber nicht alle wollen, wie Gott will.
Das führt zum Konflikt. Wer aber will, wie Gott will,
verwirklicht seine Berufung und hat Teil an der
Erwählung.

Sie müssen sich nicht selbst erretten, wohl aber müssen Sie Ihre Berufung leben, d. h. fest entschlossen in
unerschütterlichem Glauben auf die bereits vollzogene und vollkommene Erlösung durch Jesus Christus
vertrauen. Indem Sie dies tun, setzen Sie dem Willen
Gottes keinen fremden Willen entgegen.

Nachfolge

Nicht das »Herr-Herr«-Sagen macht's! Zwischen unserer Berufung und Erwählung liegt unsere Jüngerschaft, unsere Nachfolge. Sie ist Bestandteil unserer
freien Entscheidung (Mt 19,29).

Berufung spornt an, den Willen Gottes zu tun. Die
Bibel zeigt uns, wie das praktisch geschehen kann.
»Wer diese meine Rede hört *und tut* sie, der...«
(Mt 7,24). Wenn man sich wünscht, die Sünden mögen einem vergeben werden, sie aber doch behält,
also nicht bereit ist, mit ihnen zu brechen (Mt 18,21 bis
35), dann hat man in Wirklichkeit kein »Hochzeitskleid« an, dann wird man seiner Berufung nicht
gerecht und hat nicht Teil an der Erwählung.

»Dabeisein« werden also alle, die nicht nur der Einladung gefolgt sind, sondern auch das »Hochzeitskleid«
angezogen haben, also ihr Christsein leben! Damit
wird die Angst grundlos!

Ein hilfreiches Bild:

Wir stehen vor einer Tür. Sie trägt die Aufschrift: »Berufen!«

Wer dieser Einladung folgt und durch ihre Tür schreitet, stellt fest, daß auf der Rückseite ein anderes Wort steht: »Auserwählt!«

Okkulte Belastungen und der Weg zur Befreiung

Der Begriff »okkult«

stammt von dem lateinischen *occultus* = »geheim«, »verborgen« und hat mit Übersinnlichem zu tun.

Ich sehe im Okkulten:

- Die selbstherrliche Auflehnung des Menschen Gott gegenüber *(»Überglaube«)*. Er handelt bewußt oder unbewußt in Gedanken, Worten und Taten gegen das erste Gebot (5 Mo 5,6.7).
- Die Inanspruchnahme widergöttlicher Kräfte zu seiner Lebensbewältigung *(Aberglaube)*. Der Mensch unterstellt sich damit dem Bösen (dem, was ihm schadet) und entzieht sich dem Guten.
- Die Unwilligkeit, Gott zu vertrauen *(Unglaube)*. Der Mensch gestaltet sein Leben (oder Teilgebiete) eigenwillig, ohne Gott einzubeziehen.

Wie kann ein Mensch in den okkulten Machtbereich kommen?

- Durch eigenes Praktizieren des Okkulten (2 Mo 20,2–6; 5 Mo 6,14);
- durch an ihm vollzogene okkulte Praktiken;
- durch Eltern, Großeltern, Urgroßeltern, die okkulte Praktiken vollzogen haben (2 Mo 20,5);
- durch Ungehorsam, mangelnde Heiligung (Lk 11,24–26; Jak 1,21; 1 Kor 10,20; Eph 5,11);
- durch mangelnden Schutz bei eigener seelsorgerlicher Hilfe an okkult Belasteten.

Was sind okkulte Praktiken?

Aberglaube, Zauberei, Wahrsagerei (2 Mo 20,2–6; 3 Mo 17,7; 3 Mo 19,26–31; 5 Mo 18,9–14; 2 Kö 21, 3–6; Hos 4,12; Jes 47,9.13; Jer 10,2; 5 Mo 13; Mt 4, 8–10; Apg 19,18–20; 1 Kor 10,20; Eph 5,11; 1 Tim 4,1).

Fragen, die zur Klärung beitragen:

– Lesen Sie Horoskope?
– Achten Sie auf Zeichen wie Zahlen, Tage, Vogelgeschrei u. a., die Glück oder Unglück bringen sollen?
– Praktizieren Sie Beschwörungsformeln, die Glück herbeiholen oder Unglück abwenden sollen?
– Pendeln Sie?
– Wurden Ihnen die Handlinien gelesen?
– Haben Sie Blei gegossen?
– Wurden Ihnen die Karten gelegt?
– Hat man Sie magisch besprochen?
– Betreiben Sie weiße oder schwarze Magie?
– Tragen Sie ein Amulett, Medaillon, Glücksbringer?
– Besitzen Sie Himmel- oder Kettenbriefe?
– Lesen Sie Traumbücher oder okkulte Literatur?
– Kennen Sie das »6. und 7. Buch Mose«?
– Sind Sie am Tischrücken oder »Gläserln« beteiligt?
– Besuchen Sie spiritistische Sitzungen?
– Besuchen Sie Satansmessen?
– Gehören Sie heidnischen Glaubenssystemen oder Philosophien an (z. B. östlichen Religionen, Sekten, Yoga, gewisse Formen der Gruppendynamik, Christliche Wissenschaft, Rosenkreuz, Astrologie, Transzendentale Meditation, Theosophie, Anthroposophie)?

178

Okkulte Praktiken geben Satan Rechtsansprüche an den Menschen

und führen in Bindungen an ihn, die auf das Denken, Fühlen, Wollen, Verhalten und Handeln des Menschen einen negativen Einfluß ausüben. Wer sich in seinen Machtbereich begibt, wird abhängig von ihm. Dabei ist unwesentlich, wie lange solche Praktiken zurückliegen und mit welcher Einstellung sie ausgeführt wurden, ob aus Neugierde, Spaß, Unwissenheit oder Vorsatz. Satan nimmt jeden Kontakt ernst. Die Zeit regelt keine Schuld und löst keinen Rechtsanspruch.

Satan ist . . .
– der Fürst dieser Welt (Joh 14,30; 16,11);
– ein friedloser Geist (Lk 11,24);
– der Vater der Lüge (Joh 8,44);
– der Mörder von Anfang an (Joh 8,44);
– ein unreiner Geist (Mt 10,1; Mk 6,7);
– der Widersacher Gottes (Mt 13,25).

Okkulte Praktiken hindern daran

– ansprechbar für den Glauben zu werden;
– zum Glauben zu kommen;
– im Glauben zu wachsen.
   Folgen können sein:
– Im geistlichen Bereich: massiver Unglaube, Verschlossenheit und innerer Widerstand; Gleichgültigkeit, Lauheit, Stumpfheit gegenüber Gottes Wort und Geist; geistlicher Hochmut und Selbstgerechtigkeit.
– Im seelischen Bereich: Bindung an Personen; Unversöhnlichkeit, Willensschwächung, Jähzorn, an-

179

dauernde Streitsucht, Lästergedanken, große Leidenschaft, Fluchgeist, Zwangsvorstellungen, Selbstmordgedanken.

- Im körperlichen Bereich: schwere, unerklärliche Nervenstörungen, unnormale Ohnmachtsanfälle, Fallsucht, Sprachlosigkeit, unnormale Sexualität. Diese Dinge sind noch keine Beweise dafür, daß eine okkulte Belastung vorliegt, lassen aber aufhorchen, wenn sie vermehrt bei einer Person auftreten.
- Dazu gehört auch der parapsychologische Bereich: besondere Träume, Stimmen, Bilder, mediales Schreiben, Gesichte, Geräusche usw.

Der Weg zur Befreiung

1. Voraussetzung ist, daß der okkult Belastete seine Schuld erkennt, sei es durch eigene Erkenntnis oder durch die Hinführung im seelsorgerlichen Gespräch.
2. Rufen Sie den Namen des Herrn Jesus an. In ihm ist Heil, Rettung und Sieg (Apg 4,12; 1 Joh 3,8; Lk 4,13; Joh 8,36).
3. Bekennen Sie im Gebet Ihre Schuld einzeln konkret vor Gott (1 Joh 1,9). Eine Hilfe kann darin bestehen, sich zuvor alles aufzuschreiben.
4. Vernichten Sie alle Gegenstände, die Sie an Ihre okkulten Praktiken erinnern (Apg 19,18–20).
5. Brechen Sie alle medialen Kontakte ab, auch Kontakte zu Personen, die Sie unter diesen Einfluß brachten (1 Kor 10,20; Eph 5,11).
6. Beten Sie so oder ähnlich (z. T. nach Hans Rohrbach):
   Im Gebet sollten enthalten sein:
   - Die Aufkündigung des Rechtsanspruches des Satans;

- Die Lossprache vom konkreten Bösen;
- die Bindung und Übereignung des Lebens an Jesus Christus.

> *»Herr Jesus Christus, in deinem Namen sage ich mich los vom Teufel und all seinen Werken und all seinem Wesen. Ich kündige seinen Rechtsanspruch an mich ein für allemal.*
> *Herr Jesus Christus, in deinem Namen sage ich mich los von jedem Einfluß der Macht der Finsternis, die durch meine Eltern und Voreltern auf mich gekommen ist.«*

Sollten Sie um bösen Einfluß durch andere Personen in Ihrem Leben wissen, nennen Sie auch deren Namen an dieser Stelle.

Es folgt das Lossagen von konkreten Dingen:

> *»Herr Jesus Christus, in deinem Namen sage ich mich los von allen Dingen des Aberglaubens, der Zauberei und der Wahrsagerei, mit denen ich bewußt oder unbewußt zu tun gehabt habe.«*

Hier wäre dann einzeln zu nennen, worauf der Betende sich eingelassen hat, auch was an ihm als Kind geschehen ist. Bei Wahrsagerei, Verfluchung und Verschreibung ist das Gesprochene für ungültig zu erklären (Spr 26,2).

Es schließt sich das Hingabegebet an:

> *»Herr Jesus Christus, diese ganzen Belastungen bringe ich dir. Ich danke dir, daß du mich durch dein vergossenes Blut losgekauft hast von aller Macht der Finsternis. Ich übereigne mich*

dir als dein Eigentum und binde mich an dich
für Zeit und Ewigkeit. Niemand und nichts
anderes soll über mich herrschen als nur du
allein. Amen!«

7. Wer sich so im Gebet von allen bewußten und
unbewußten okkulten Belastungen und Bindungen im Namen Jesu Christi losgesagt hat, braucht
sich nicht mehr zu quälen, ob er etwas vergessen
hat. Er sollte allerdings alles ausgesprochen haben, was ihm bewußt geworden ist. Das Unbe-
wußte legen wir Gott auch hin, und er wird es
auflösen (Ps 90,8).
8. Wenn Sie der Vergebung Ihrer Schuld nicht gewiß
werden, suchen Sie das seelsorgerliche Gespräch
(Mt 10,1; 18,20; Mk 16,17.18; Lk 10,19), damit
der Seelsorger das Lossprechgebet über Ihnen
spricht und Sie Befreiung erfahren.
Der Seelsorger kann so oder ähnlich beten (nach
Ernst Rudin):

»Herr Jesus Christus, wir beten dich an. Du bist
unser Erlöser und Befreier!
Du hast am Kreuz auch für . . . ausgerufen: Es
ist vollbracht! und . . . losgekauft von der Ge-
walt Satans durch dein vergossenes Blut, so daß
der Feind jetzt jedes Recht an ihm (ihr) verloren
hat. Du hast an ihm (ihr) das Wort erfüllt:
Wenn euch nun der Sohn frei macht, so seid ihr
recht frei. Wir danken dir, daß wir deinen Sieg
für . . . in Anspruch nehmen und ihn (sie) frei-
sprechen dürfen von allen okkulten Bela-
stungen.
Im Namen des Dreieinigen Gottes – des Vaters,
des Sohnes und des Heiligen Geistes – binde ich

alle satanischen Mächte (Mt 12,28f), alle be-
wußten und unbewußten Belastungen im Leben
von ... und gebiete ihnen im Namen Jesu:
Fahret aus an den Ort, der für euch bestimmt
ist.
Herr Jesus, wache du darüber, daß sie dort
bleiben, nie wieder zurückkehren und keinem
anderen Menschen mehr schaden. Erfülle
nun ... ganz mit der Kraft des Heiligen Geistes
und bewahre ihn (sie) auch in der Stunde der
Anfechtung. Laß ihn (sie) wachsen im Glauben
und in der Liebe zu dir und zu allen Menschen.
Wir loben und preisen dich als unseren Erlöser
und Befreier, König und Herrn. Amen!«

9. Der bewußte Dank durch den Befreiten sollte sich anschließen (Ps 50,23; Kol 2,14f); wo angebracht, auch der Dank durch den Seelsorger (1 Kor 15,57).
10. Gott allein soll die Ehre für die Befreiung gegeben werden (5 Mo 5,6.7; Jes 42,8).

Hilfen, in der geschenkten Freiheit zu bestehen
(Gal 5,1):
– Stete Berufung auf den Namen Jesu (Apg 4,12; Mt 11,28; Joh 6,37; Phil 2,9f.).
– Bewußte, verbindliche Eingliederung in die Gemeinschaft der Gläubigen (Apg 2,42; Hebr 10,25).
– Im Glauben die Befreiung annehmen (Hebr 11,6; Joh 8,36).
– Die Nähe Gottes suchen (Jak 4,7f).
– Sich mit Gottes Wort wehren (Mt 4,8–10).
– Im Wort bleiben (Joh 15,7).

– Sich auf Gottes Zusage stützen (Ps 33,4; 1 Joh 3,1; Hebr 13,5).
– Bekennen, wenn man rückfällig geworden ist (1 Joh 1,9).
– Den Namen Jesu vor den Menschen bekennen (Mt 10,32).
– Die Waffenrüstung Gottes anziehen (Eph 6,10–18).
– Um die Erfüllung mit dem Heiligen Geist bitten (Eph 5,18; Lk 11,24–26).
– Gott täglich in allen Dingen gehorchen (Eph 5,15 bis 20; Röm 12, 1–21; 1 Joh 3,24).
– Gott mit Freuden dienen (Ps 100,2).

Hilfen zum Schutz des Seelsorgers:

– Bewußtmachung der Nähe Jesu (Röm 8,38 f; 1 Petr 1,2; Hebr 12,24).
– Beauftragung durch Jesus (Mt 10,8; Mk 3,14 f; 6,13; Apg 8,6 f; 16,16 ff)
– Berufung auf Gottes Wort (5 Mo 33,27; Ps 139,5; Sach 2,9; Lk 10,19; Joh 17,15; Eph 6,16; 2 Thes 3,3).
– Gemeinschaft mit zwei / drei Gläubigen (Mt 18,16; 2 Kor 13,1).

Zur Beachtung:

Jesus Christus handelt aufgrund seines Sieges (Jes 53), und wir haben durch unseren Glauben Teil daran (1 Kor 15,57). Nicht unsere Aktivitäten und Methoden schaffen Befreiung!

Ausweglosigkeit

Wie kann ich jemandem helfen, der ganz verzweifelt ist und keinen Ausweg mehr sieht?

Vorüberlegungen:

Inwieweit werden mir vordergründige Probleme mitgeteilt?
Kann ich tiefer blicken und den eigentlichen Konfliktherd sehen?
Was sind *Ursachen* der Ausweglosigkeit, was sind »nur« *Symptome*? (Arbeitslosigkeit; Sucht; Krankheit; gestörte Familienverhältnisse; zerbrochene Beziehungen; andere große Enttäuschungen ...)

Hoffnung machen

– Nicht nur die Probleme realistisch bzw. bewußt sehen, sondern auch die Gegenwart und Hilfe Gottes. (Ps 50,15; Jes 25,9; Mt 11,28; Röm 8,31 bis 39).

– Bei Gott gibt es keine ausweglosen Situationen. Darum nicht resignieren! (Jer 29,11; Röm 5,3 ff.; 2 Kor 12,9)

– Im Gebet zu Gott kann man seinen ganzen Ärger und die Hoffnungslosigkeit »ausheulen«. Er hört zu, wo kein Mensch Interesse zeigt, und hilft auf seine Weise jedem, der ihm vertraut (Ps 34,19; Ps 138,3; Ps 139,3; Joh 10,27 ff.).

– Gott will, daß wir leben, und zwar mit ihm (Joh 10,10; 2 Kor 5,19).

– Gott überfordert uns nicht (Jes 40,31; 1 Kor 10,13).

– Gott erfüllt seine Verheißungen; er lügt nicht (Röm 4,21; Hebr 13,5).

– Nicht ständig rebellieren. Vielleicht muß dieses Leid ausgehalten und bejaht werden (Mt 10,22; Röm 8,18).

– Gottes Kinder leben nicht abgehoben von Sorgen, Not, Problemen. Gott läßt seine Leute mittendrin in der Welt. Als Licht. Als Salz. Auch Christen leiden. Auch Christen bangen. Doch sie wissen, daß Gott bei ihnen ist (Ps 23) (vgl. Ps 40,5; Ps 125,1; Röm 15,13; 1 Kor 13,13).

– Auf Christus hoffen!

Die Positive Bedeutung der Krise

– Kann die jetzige Notlage positiv als Anstoß zur Ausrichtung auf Gott gesehen werden? Gottes Stellenwert im Leben prüfen! (Joh 15,5; 1 Kor 3,11; Kol 3,17)

– Erleiden Sie Ihre eigene Schwäche, um Gottes

186

Stärke zu erkennen und zu akzeptieren (Spr 3,5.6; Phil 4,13)?

– Eigene Wege führen an Gott vorbei und in die Sackgasse hinein (Ps 139,23 f.; Jes 53,6).

– Fragen nach Gottes Wegen führt aus der Ausweglosigkeit (Jes 40,31; Jes 55,8–9).

– Mit dem Glauben verschwinden nicht alle Probleme, aber er ist die Basis, von der aus man Probleme (Ängste, Schmerzen, Hoffnungslosigkeit usw.) ertragen bzw. verarbeiten kann (Jos 1,9; 2 Kor 5,17).

– Inwieweit ist die Schuld (Bitterkeit, Anklage gegen Gott usw.) als Ursache der jetzigen Lage zu erkennen (Jes 59,2)?

– Zusammenhang bedenken: Was hat Heilung mit meinem Willen zu tun (Jes 30,15; Eph 5,18b; Kol 3,12 ff.)?

– Sich der Vertrauensfrage Jesu stellen (Konsequenzen der Antwort?) (Joh 21,16).

Praktische Lebens- und Glaubenshilfe

– Offene Augen und Sinne für das Positive im Leben. Aufruf zur Dankbarkeit (Ps 50,14.23; Ps 92,2; 2 Kor 2,14; Eph 5,20).

– Helfen, die Probleme realistisch und differenziert zu sehen.

– Welche praktische Lebenshilfe können wir im konkreten Einzelfall geben, um neben der »Wurzelbehandlung« auch in den vordergründigen Problemen zu helfen?

– Eventuell vorsichtige Vermittlung an persönliche Seelsorge »vor Ort«. Wohngemeinschaft oder Seelsorgetherapeutisches Zentrum? Seelsorgefreizeit bzw. -seminar? Vermittlung an gläubigen Arzt, Psychologen, Rechtsanwalt usw.?

– »Sei, der du bist.« Helfen, die Gaben und Grenzen anzunehmen.

– Aufarbeitung von Minderwertigkeitsgefühlen (Jes 43,1–5).

– Kleine, positive Ziele im Leben anpeilen und in kleinen Schritten erreichen. Niederlagen sind kein Grund zum Resignieren. Sich nicht selbst überfordern. Erreichte Teilziele bringen Freude, neuen Mut und Hoffnung.

– Durch gezielte Rückfragen weiteren Briefkontakt »provozieren« und damit ein Stück Lebensbegleitung anbieten (z. B. konkreten Gesprächstermin bei Selbstmordgefahr ausmachen).

– Jeweils nach angemessener Zeit Rückfrage, wenn der Betroffene nicht reagiert.

Zum Nachdenken:

»Ich weiß nicht, wohin Gott mich führt, aber ich weiß, daß er mich führt« (Gorch Fock).

»Christus steht nicht hinter uns als unsere Vergangenheit, sondern vor uns als unsere Hoffnung« (Fr. von Bodelschwingh).

»Es gibt ein Trennen, das bindet; ein Scheiden, das eint; es gibt ein Verlieren, das findet; ein Freuen, das weint; es gibt ein Dunkel, das leuchtet, und ein Erliegen, das siegt; das lernt verstehen und erfahren, wer am Fuße des Kreuzes liegt« (Mengia Bonorand, Missionarin).

»Ich wünsche mir die Gabe, das zu schätzen, was ich habe« (Unbekannt).

»Ich weinte, weil ich keine Schuhe hatte – bis ich einen sah, der keine Füße hatte« (Unbekannt).

Mehr zu diesem Thema in dem Buch des Autors Kurt Scherer »Mit Streß leben« (Hänssler-Verlag).

»Schaffet, daß ihr selig werdet . . .«
– die Sache mit dem Willen

»Wie soll ich das Wort des Apostels Paulus verstehen : Schaffet, daß ihr selig werdet, mit Furcht und Zittern. Denn Gott ist's, der in euch wirkt beides, das Wollen und das Vollbringen, nach seinem Wohlgefallen« (Phil 2,12–13)?«

Ein Widerspruch?

Auf den ersten Blick scheinen sich diese beiden Sätze zu widersprechen. *Entweder* ich selbst arbeite, *oder* Gott wirkt in mir. Trifft das erste zu, dann muß ich mir mein Christsein, meine Heiligung, meine Nachfolge selbst erarbeiten; stimmt das zweite, dann habe ich selbst eigentlich gar nichts zu tun, dann brauche ich bloß darauf zu warten bzw. darum zu bitten, daß Gott mich mit seinem Geist und seinem Willen erfüllt.

Geburt und Wachstum

Aber der Widerspruch ist nur scheinbar. Er löst sich auf, wenn wir das verbindende Wort »denn« betrachten. Der zweite Satz ist nämlich die Begründung, die Basis für den ersten. *Weil* Gott in uns arbeitet bzw. bereits gearbeitet hat, können (und müssen) wir unsererseits arbeiten.

Wenn ein Mensch geboren wird, *ist* er ein Mensch,

190

und doch muß er in vieler Hinsicht erst einer *werden*: Er muß lernen, zu essen, sich zu bewegen, zu sprechen, zu denken usw. Entsprechend *ist* jemand, der wiedergeboren ist, ein Christ; es hat in ihm eine Neuschöpfung stattgefunden (2 Kor 5,17). Und doch muß er erst noch ein Christ *werden*: nämlich lernen, Gott in den verschiedenen Bereichen seines Lebens zu gehorchen, sich in die Gesinnung Jesu Christi einzuüben (= Heiligung).

Die Sache mit dem Heiligen Geist

Es ist ein Trugschluß, zu meinen, das neue Leben, der christliche Lebenswandel, würde von selbst, sozusagen automatisch wachsen und reifen. Es ist zwar richtig: *Gott* ist derjenige, der unsere Heiligung will (1 Thes 4,3), und was er will, das kann er auch. Wir dagegen können nicht alles, was wir wollen (Röm 7,18–25), in uns selbst haben wir nicht die Kraft dazu (Joh 15,5). Aber daraus folgt noch lange nicht, daß Heiligung sich darin erschöpft, daß wir passiv dasitzen und Gott bitten, uns doch mehr mit seinem Geist zu erfüllen.

Überhaupt der Heilige Geist . . .: Hier liegt eine große Quelle des Mißverständnisses. Viele Christen bitten Gott, er möge sie doch mit seinem Geist erfüllen (oder »mehr« erfüllen oder »ganz« erfüllen) – und sie bitten und bitten, aber *sie sind nicht bereit, etwas zu tun, sich zu ändern, sich korrigieren zu lassen*.

Um es klar zu sagen: *Jeder* wiedergeborene Christ hat den heiligen Geist! Er braucht Gott nicht zu bitten, ihn erst noch zu bekommen. Die Frage ist nicht: Habe ich den Heiligen Geist?, sondern: Ist Jesus Christus mein Herr bzw. lasse ich ihn meinen Herrn sein?

Wir sollten weniger darum bitten: Fülle mich mit deinem Geist!, als vielmehr: Gib mir den Mut und die Kraft, dir, deinem Wort, deinem Geist *gehorsam* zu sein! Gib mir die Bereitschaft, dich an mir arbeiten zu lassen!

So wollen, wie Gott will

Gott will unsere Heiligung. Die Frage ist nur, ob wir mitziehen, und hier sind nicht irgendwelche Gefühle oder Erlebnisse gefragt, sondern eindeutig unser Wille. *Wollen wir so, wie Gott will?*
Ob Gottes Geist etwas in uns ausrichten und nach außen hin sichtbar werden lassen kann (»Früchte des Geistes«, Gal 5,22), das hängt davon ab, ob wir ihn wirken lassen – oder aber ihn *blockieren* (»betrüben«, »dämpfen«, vgl. Eph 4,30, 1 Thes 5,19). Jede Sünde hemmt das Wachstum des Christen.

Christsein ist (auch) Arbeit

Nachfolge geschieht nicht in einem Ruck, ein für allemal. Man braucht Zeit, um sie zu lernen. Es geht um die schrittweise Erneuerung unseres Lebens im Spannungsfeld von »Ich will streben...« und »Du mußt ziehen...«. Unser Leben ganz an Gott hinzugeben (Lk 17,33), das erfordert Arbeit, ja den härtesten Kampf unseres Lebens. Immer wieder neu müssen wir
– uns für Christus und gegen unseren Eigenwillen entscheiden,
– ablegen, was eines Christen unwürdig ist (Gal 5,19–20)

192

– uns anziehen, was ihn glaubwürdig macht (Kol
3,12–17).
Mit anderen Worten: Zum Christsein gehört Lernen (Mt 11,28–30) und Disziplin als Einübung in
den Gehorsam gegenüber Gottes Geist und sein
Wort (Hebr. 5,8). »Übe dich in der Frömmigkeit«
(1 Tim 4,7) – das geht nicht ohne mein Ja zu Gottes Willen.

Umkehr zur Nachfolge

Das fleischliche, kranke Christentum, das Schwanken
zwischen »himmelhoch jauchzend« und »zu Tode
betrübt« hört auf in dem Augenblick, wo wir beginnen, aufrichtig Buße zu tun über unseren Ungehorsam, unsere Sünde, unsere Heuchelei und Unehrlich-
keit als Christen. Buße – das heißt ja eben, daß wir
unseren Sinn, unsere Gedanken, unsere Lebensführung ändern, zu Christus hin.
Nachfolge – kein Leistungszwang, aber ganz bewußter Gehorsam.
Nachfolge – aufhören, den Heiligen Geist in mir zu
blockieren.
Nachfolge – Training, Lernen, Einüben der neuen
Lebensweise, die Gottes Geist in mein Leben hinein-
geschenkt hat.

Zum Nachdenken:

1. Was sagen mir die Wortpaare:
   – Heiland – Herr
   – Zuspruch – Anspruch
   – Gabe – Aufgabe?

2. Wer den Heiligen Geist *nicht* blockiert
   - läßt sich etwas sagen, nimmt Korrektur an.
   - sieht nicht nur sich, sondern hat Augen für seine Mitmenschen.
   - hat *Frieden* (Kol 3,12 ff.): Frieden mit Gott, und darum auch Frieden mit sich selbst und mit dem Nächsten.
   - hat Zeit für Gott, läßt ihn in der Stille zu sich reden.
   - ist glücklich darüber, daß er Christus gehört.

3. Frage nicht: Was hätte Jesus an meiner Stelle getan?, sondern: Was will Jesus (*jetzt*, in *dieser* Situation)?

»Lernt von mir!«

Wie habe ich Jesu Anweisung ›Lernt von mir‹ (Mt 11,28–30) zu verstehen?«

Wir wollen diese Frage in fünf Unterfragen aufteilen:
1. *Wer* ist dieser Jesus, der die Anweisung »Lernt von mir« gibt?
2. *Wen* lädt Jesus in seine Lern- und Lebensgemeinschaft ein?
3. *Was* kann man in seiner Gemeinschaft lernen?
4. *Wie* lernt man von Jesus?
5. *Welches Ziel* hat dieses Lernen?

1. Wer ist Jesus?

– *Er ist kein* Idealist, Humanist, Superstar, Revolutionär; auch nicht der gute Mensch, den man nur zu kopieren braucht und alles läuft gut.
– *Er ist* Gottes Sohn und unser Erlöser. Aus Liebe zu uns hat er am Kreuz mit seinem Tod für unsere Rebellion gegen Gott bezahlt. Gott hat dieses Opfer angenommen; Zeichen dafür ist Jesu Auferweckung von den Toten. Das Böse, der Böse und die Macht des Todes sind besiegt – Jesus ist Sieger und Herr. Er will auch unser Herr sein.
– *Er sagt von sich:*
»Ich bin das Brot des Lebens« (Joh 6,35).
»Ich bin das Licht der Welt« (Joh 8,12).
»Ich bin der gute Hirte« (Joh 10,11).

»Ich bin die Auferstehung und das Leben«
(Joh 11,25).
»Ich bin der Weg, die Wahrheit und das Leben«
(Joh 14,6).
»Ich bin der wahre Weinstock« (Joh 15,1).
»Ich bin ein König« (Joh 18,37).
- *Gegenüber diesem Anspruch müssen wir uns ent-
scheiden.* Das neue Leben aus Gott bekommt nur,
wer sich konsequent der Leitung Jesu unterstellt.
»Wer nicht für mich ist, ist gegen mich« (Mt 12,30).
»Wer mir nachfolgen will, der verleugne sich selbst
... und folge mir« (Mk 8,34).

2. Wen lädt Jesus ein?

»Kommt her zu mir alle ...« (Mt 11,28). »Alle« – das
sind die,
- die aus eigener Kraft versuchen, zu Gott zu kommen, und merken, daß sie es nicht schaffen.
- die durch das Wirtschaftswunder satt sind und doch
innerlich am Verhungern.
- die fertig sind an Leib, Seele und Geist und Sehnsucht haben nach einem sinnerfüllten Leben.
- die belastet sind mit Schuld und Sorgen, Bindungen
und Süchten und frei werden wollen.
- die getäuscht und enttäuscht sind und nach einem
gangbaren Weg suchen.
- denen die Einsamkeit und die Angst vor der Zukunft im Nacken sitzt und die sich angenommen
und geliebt wissen wollen.

3. Was kann man in seiner Gemeinschaft lernen?

Er sagt: »Ich bin gekommen, damit sie ein sinnerfülltes und reiches Leben, das Leben im Überfluß haben« (Joh 10,10). Er bietet
– das, was sich – trotz Wohlstand – keiner kaufen kann:
– Vergebung und Freiheit, die aufatmen lassen;
– Friede und Freude, die leben lassen;
– Liebe und Angenommensein;
– Mut und Kraft.
Die Basis dieses Lebens ist eine neue Lebensordnung. Sie heißt: »Liebe Gott von ganzem Herzen, von ganzer Seele, mit allen Kräften deines Gemütes, und deinen Nächsten wie dich selbst« (Mk 12,30–31).
Bei Jesus lernt man leben!

4. Wie lernt man von Jesus?

– *Die Entscheidung für Jesus ist nur der Anfang..* »Ist jemand in Christus, so ist er eine neue Schöpfung; das Alte ist vergangen, etwas Neues hat begonnen« (2 Kor 5,17). Nun geht es darum, das neue Leben leben zu lernen. Das geht nicht automatisch.
– *Neues Leben reift durch Wachstum.* Wenn das Leben mit Jesus von Dauer sein soll, hat die Hinwendung zu Gott kein Ende, sind wir gerufen, auf dem Weg, den wir gewählt haben, voranzugehen.
– *Niemand von uns ist je völlig, total zu Jesus bekehrt.* Es gibt immer noch Widerstände in unserem Leben, gegen die wir zu kämpfen haben. Es gibt mutiges Bekennen, aber auch Feigheit und Verrat. Es gibt praktizierte Liebe, aber auch unterlassene.
– *Man braucht Zeit zum Wachstum im Glauben.*

Jemand hat einmal gesagt: »Es gehört mehr dazu als eine Momentaufnahme, das Bild Jesu Christi in ein menschliches Herz einzuprägen; aber einer Zeitaufnahme wird es gelingen.« Und diese »Zeit« ist das ganze Leben. Es geht um Einüben, Einprägen, Gehorchen, bewußtes Lernen.

– *Wachstum verläuft in verschiedenen Wachstumsphasen.* Das gilt auch für das Glaubensleben. Der Neubekehrte – besonders wenn die Bekehrung sehr plötzlich oder dramatisch war – ist meist sehr glücklich; er fühlt sich buchstäblich wie neugeboren und brennt darauf, andere Menschen für Jesus zu gewinnen. Aber auf solch ein geistliches »Hoch« folgen dann später manche Durststrecken, in denen Gebet und Bibel langweilig erscheinen, Gott weit weg zu sein scheint und alte, längst überwunden geglaubte Sünden sich wieder melden.

Gerade diese Durststrecken sind äußerst wichtig. Hier gilt es zu lernen, an Gott festzuhalten, unsere Lebensübergabe im grauen Alltag auszuleben. Jetzt fängt der härteste Kampf an: der Kampf, uns selbst zu überwinden; man muß sich immer neu für Jesus Christus entscheiden und gegen sich selbst: »Nicht mein, sondern dein Wille geschehe!«

– *Wir brauchen die Kraft Christi, um uns selbst zu überwinden.* Wir sind immer wieder in Gefahr, durch unseren tyrannischen Eigenwillen überwunden zu werden. Paulus hat das sehr plastisch beschrieben (Röm 7,18–24) und auch den Ausweg gezeigt (Röm 7,25; Röm 8). Nur in Jesus Christus können wir den Sieg über unser altes Ich bekommen (vgl. auch 1 Kor 15,57).

– *Dauerhaftes Wachstum kommt nur aus dem konsequenten Leben nach dem Willen Gottes.* Die Kraft zu einem solchen Leben kommt nur von Gott

198

selbst. Er gibt uns dazu seinen guten Heiligen Geist, der uns uneingeschränkt zur Verfügung steht. Jesus selbst sagte: »Meine Speise (= meine Kraftquelle für ein Gott wohlgefälliges Leben) ist die, daß ich den Willen dessen tue, der mich gesandt hat« (Joh 4,34). Blockieren wir den Heiligen Geist nicht durch Ungehorsam!

Jemand, der sich vorbildlich in das Tun des Willens Gottes einübte – Paulus – gibt uns in Eph 4,22–5,20 eine ganze Liste von Verhaltensweisen, die einen Nachfolger Jesu unter dem Einfluß des Heiligen Geistes ändern. (Vgl. auch Eph 5,21–6,9; Gal 5,19 ff; Kol 3,12–17).

– *Das neue Leben wächst durch Disziplin!* Das Wort *Disziplin* hat im Lateinischen dieselbe Wurzel wie das Wort »Jünger« oder »Nachfolger«. Disziplin ist die Haltung eines Lernenden, eines Menschen, der im Training steht. Entsprechend schreibt Paulus dem jungen Timotheus: »Übe dich in der Frömmigkeit« (d. h. im konsequenten Leben mit Gott, 1 Tim 4,7).

Daß jemand heute körperlich gesund und kräftig ist, garantiert noch lange nicht, daß er es auch in zehn Jahren ist. Daß jemand heute sein Leben mit Jesus führt, garantiert noch lange nicht, daß er es auch noch in zehn Jahren tun wird. Er muß in der Übung bleiben, in der Disziplin, im Wachsen.

– *Die Grundregeln der Disziplin in der Nachfolge Jesu sind:*
Regelmäßige Gemeinschaft mit anderen Nachfolgern Jesu,
tägliches Gespräch mit Gott,
tägliches Studium der Bibel,
Inanspruchnahme der Gaben Gottes,
praktizierte Liebe,

bezeugte Liebe,
gute Haushalterschaft (besonders mit Geld, Macht, Ehre, Sexualität).

5. Welches Ziel hat das Lernen?

Was bringt diese Disziplin, dieser Kampf?
- *In unserem irdischen Leben:* Anteil am Leben Gottes und damit Kraft zur Bewältigung des eigenen Lebens. Sinnerfülltes und darum reiches Leben.
- *Für die Ewigkeit:* Ungetrübte Gemeinschaft mit Gott, denn der Kampf ist dann beendet; ewigen Frieden, uneingeschränkten Sieg.
  »Darum laßt uns laufen mit Ausdauer in dem Kampf, der uns bestimmt ist, und aufsehen zu Jesus, dem Anfänger und Vollender des Glaubens« (Hebr 12,1–2).

Mehr zu diesem Thema auf der Cassette »Resignieren« (Nr. 11002 im ERF-Verlag).

»Ich bin gewiß, daß ...«

In einer Zeit großer Verunsicherung läßt ein solcher Satz aufhorchen. Gibt es das: Gewißheit in aller Unsicherheit? Ruhe in aller Unruhe? Geborgenheit in aller Ungeborgenheit? Frieden in allem Unfrieden? Sinn in allem Unsinn? Ziel in aller Ziellosigkeit? Hoffnung in aller Hoffnungslosigkeit?

Ja! Paulus, von dem dieses Bekenntnis stammt, hat diese Erfahrung gemacht. Im 8. Kapitel des Römerbriefes berichtet er davon.

Durch seine Jesus-Begegnung vor Damaskus kam er unter den Einfluß eines neuen Geistes, des Geistes Gottes. Das veränderte sein Leben. Ein neues Denken begann und damit ein Lern- und Reifeprozeß mit heilsamen Auswirkungen auf seine Gesinnung, sein Reden und Tun. Er mußte nicht mehr nach den Verhaltensmustern des alten Menschen leben. Etwas ganz Neues hatte begonnen (2 Kor 5,17).

Jeder, der sich bewußt unter den Einfluß des Heiligen Geistes stellt, erfährt diese Erneuerung seines Lebens. Gottes Geist profiliert seine Persönlichkeit, heiligt seinen Charakter. Jesu Vorbild prägt ihn, neue Werte füllen sein Leben aus aufgrund einer neuen Zielorientierung. Auch heute gilt, was Paulus in Röm 8 so beschreibt:

Gottes Geist

– erneuert den Menschen. Keiner muß dem alten Leben verhaftet bleiben (V.1–2).

201

- hält uns frei von der Verkettung an Sünde und Tod (V.3–13).
- betreibt das neue Leben in uns, läßt uns wachsen und reifen (V.14).
- nimmt die Angst vor Gott. Das festigt das Vertrauen zu ihm (V.15).
- erinnert uns immer wieder daran, daß wir Gottes Kinder sind. Das schenkt Geborgenheit (V.16).
- verbürgt uns ewiges Leben. Wir sind Erben der Herrlichkeit Gottes (V.17).
- stärkt unser Durchhaltevermögen in Bedrängnis (V.18–23).
- festigt die Hoffnung auf die ungetrübte ewige Gemeinschaft mit Gott (V.24–25).
- hilft unserer Schwachheit auf (V.26).
- lehrt uns richtig beten (V.26–27).
- vergewissert uns der guten Absichten Gottes mit unserem Leben (V.28).
- hält uns im richtigen Stand der Gotteskindschaft (V.29–30).
- bezeugt uns, daß wir Vergebung der Sünden haben (V.31–34).
- macht uns gewiß, daß nichts und niemand uns zu scheiden vermag von der Liebe Gottes, die in Jesus Christus ist (V.35–39).

Gottes Geist (siehe Apg 2)

- befähigt zum Zeuge-Sein (V.4.14). Aus dem Verleugner wird ein Bekenner (Joh 18,25ff.), aus dem Zweifler ein überzeugender Verfechter des Evangeliums (Joh 20,24–29), aus dem Gegner ein Nachfolger (Apg 9).
- sammelt die Glaubenden zur Gemeinde (V.6–11.

202

41f.). Er nimmt Trennungen fort und verbindet über Rassen, Klassen, Hautfarben und Konfessionen hinweg.

- ermöglicht neues Verhalten (V.14–36). Die Angst vor Menschen weicht.
- gibt Gewißheit der Auferstehung (V.24–32). Das durch die Vergebung empfangene neue Leben in der Verbindung mit Jesus Christus begründet das ewige Leben (Joh 11,25f.).
- läßt uns nicht allein (V.33). Wir sind nicht ohne Führung in der Bewältigung unseres Lebens auf dem Weg vom Glauben zum Schauen (Joh 14, 16.26; 16,13).
- ermöglicht Umdenken (V.36–38), das Voraussetzung für die Praxis eines neuen Lebens ist (Röm 12,2).
- lehrt die Prinzipien eines neuen Lebens in uns (V.42). Dabei geht es um die Beständigkeit.
- schenkt Gaben und wirkt Frucht (V.43). Gaben (1 Kor 12,4–12) sind Geschenk der Gnade Gottes und werden von ihm ausgeteilt, »wie er will«. Wir haben zu lernen, verantwortlich damit umzugehen. Frucht (Gal 5,22; Eph 5,9–20; Kol 3,12–16; Joh 15,1–8) ist das Ergebnis eines Wachstums. Man kann daran den Glaubensstand erkennen (Mt 7, 16). Sie hängt mit Treue, Hingabe, Gehorsam zusammen (1 Kor 4,2).
- leitet an zum Für-den-anderen-Dasein (V.44–47). Verbundenheit mit Jesus bewährt sich in der Betätigung der Christusliebe. Sie ist nicht frommes Gefühl, sondern liebende Tat.

Ohne Heiligen Geist gibt es kein Christsein
(1 Kor 12,3).

Christsein heißt: Christus gehören! Glaube ohne Heiligen Geist ist eine intellektuelle Übung, ein bloßes Fürwahrhalten. Diese Art Glaube ist menschlicher Kraftakt, wird oft zum Krampf, macht müde und nicht selten krank.
Wir tun gut daran, auf Luthers Auslegung des 3. Glaubensartikels zu achten: »Ich glaube, daß ich nicht aus eigner Vernunft noch Kraft an Jesus Christus, meinen Herrn, glauben oder zu ihm kommen kann.« Glaube, gewirkt vom Heiligen Geist, resultiert aus der personalen Beziehung zum gekreuzigten und auferstandenen Jesus Christus, ist Überzeugtsein, Gewißheit: »Ich bin gewiß, daß . . .«

»Laßt euch vom Geist erfüllen«

»Was heißt ›vom Geist erfüllt werden‹? Hängt damit ein besonderes Erlebnis zusammen?«

Viele Christen reagieren verunsichert, wenn man sie fragt, ob sie den Heiligen Geist haben, und erst recht, wenn man sie fragt, ob sie die »Fülle« des Geistes haben. Einerseits hätten sie sie schon recht gerne; andererseits wissen sie nicht, wie sie sie bekommen sollen, oder nehmen auch Anstoß an Menschen, die lauthals behaupten, den Heiligen Geist zu haben, aber in ihrem Leben herzlich wenig davon verspüren lassen.
Hier sind einige Klärungen nötig:

Jeder Christ hat den Heiligen Geist

Niemand kann Jesus seinen Herrn nennen, wenn er nicht vom Heiligen Geist dazu getrieben wird (1 Kor 12,3). Wer also sein Leben Jesus anvertraut hat, in dem hat der Heilige Geist Wohnung genommen (1 Kor 6,19). Er ist präsent!

Keine Gefühle, sondern Praxis

Der Satz »Laßt euch vom Geist erfüllen« steht in Eph 5,18 und will in seinem Zusammenhang gelesen werden. Es geht in diesem Abschnitt nicht um besondere Erlebnisse oder Gefühle, sondern darum, »wie ihr euer Leben führt« (V. 15). Mit anderen Worten: An unserem ganz konkreten Verhalten, unserer Lebenspraxis entscheidet sich, »wes Geistes Kinder« wir sind, und nicht an besonderen religiösen Stimmungen oder dem richtigen Vokabular. Nicht Quantität der Gefühle, sondern Qualität des Lebenswandels ist gefragt!

Gottes Werk

Erfülltwerden mit dem Heiligen Geist ist

– *keine Aktion des Menschen...*
Wer aus eigener Kraft seinem Leben den großen Sinn geben will, wird merken, daß er das nicht schafft. Es kommt dann zur Flucht in den Rausch: Alkohol (Eph 5,18), aber auch Drogen, Autofahren, Reisen, Arbeit (die sehr fromm sein kann!) usw. Aber jeder Rausch endet in Ernüchterung und Leere.

– *sondern ein Handeln Gottes an uns!*
Gott beschenkt uns. Wir brauchen den Heiligen Geist nicht herbeizuholen. Wir dürfen ihn aufnehmen. Keine Vorleistungen sind nötig, und keine Vorleistung zählt. Es gehört Demut dazu, dies an sich geschehen zu lassen (1 Petr 5,5; Jak 4,6).
Aber ganz automatisch geschieht es auch nicht! Wer Gott um seinen Geist bittet, aber nicht bereit ist, sich von diesem Geist ändern zu lassen, der wird keine Erneuerung, kein Wachstum erfahren. Er blockiert den Heiligen Geist (1 Thes 5,19).

Untermieter oder Hausherr?

Vergleichen wir unser Leben mit einem großen Haus. Durch unsere Bekehrung »wohnt« der Heilige Geist in uns (1 Kor 6,19). Anfangs bewohnt er vielleicht gerade ein Zimmer, möglichst noch mit separatem Eingang; man schätzt ihn, aber alles, was im Haus so vor sich geht, braucht er ja nicht mitzubekommen ... Wachstum bzw. Heiligung besteht nun darin, daß man dem Heiligen Geist immer mehr vertraut und ihm immer mehr Zimmer des Lebenshauses öffnet – auch den Keller (Unterbewußtsein) und den Dachboden bzw. die Rumpelkammer sowie die verschiedenen Schränke und Schubladen. Ist dieser Prozeß abgeschlossen, dann ist mein Lebenshaus wirklich ganz vom Geist erfüllt: Er ist der Herr im Haus, alles bespreche ich mit ihm, nichts geschieht ohne oder gegen ihn.

Wir brauchen dabei keine Angst zu haben, unser Leben würde eingeschränkt. Im Gegenteil: Wo wir alle Bereiche unseres Lebens Gott und seinem Geist und Wort öffnen, wird unser Leben reicher, unsere Persönlichkeit profilierter. Wir werden von Gott für Gott gebrauchsfähiger gemacht.

Geben wir ihm doch endlich alle Schlüssel unseres Hauses!

Wie wirkt der Heilige Geist?

– Er kehrt in meinem Leben aus, bevor er einkehrt (Ps 51,12–14).
– Er bringt sichtbare Frucht hervor (Gal 5,22).
– Er gibt manchmal spontane Anweisungen (2 Kor 2,13).

- Er wirkt nicht auf einen Schlag, sondern auf Zeit. (Gal 5,25).
- Er vergewaltigt unseren Charakter nicht, sondern durchdringt unsere Persönlichkeit mit Gottes Leben.
- Er verherrlicht Gott in uns.

Was ist die »Sünde gegen den Heiligen Geist«?

Von jeher hat unter den Christen das Wort von der »Sünde gegen den Heiligen Geist« (genauer: »Lästerung des Heiligen Geistes« bzw. »Reden gegen den Heiligen Geist«) ängstliche und ernste Gemüter umgetrieben. Doch nicht so sehr diese geht es an, sondern in erster Linie die Unentschiedenen und die Abtrünnigen.

Der biblische Befund

In der Bibel kommt der Begriff der Sünde gegen den Heiligen Geist in den Evangelien und in den Briefen vor. In den Evangelien sagt Jesus in Mk 3,28–29: »Alle Sünden werden den Menschenkindern vergeben, auch die Lästerungen, wieviel sie auch lästern mögen; wer aber den heiligen Geist lästert, der hat keine Vergebung in Ewigkeit, sondern ist ewiger Sünde schuldig.« Man vergleiche auch Mt 12,24–32, und Lk 12,10.

In den neutestamentlichen Briefen lesen wir von der Sünde gegen den Geist in 1 Joh 5,16; Hebr 6,4–6 und Hebr 10,26–29.

Das heißt zunächst einmal positiv: Jede andere Sünde kann vergeben werden (vgl. Jes 1,18; Eph 1,7; Röm 5,20; 1 Joh 1,7.9 u. a.). Kein Mißbrauch des Namens Gottes, keine Zauberei, keine Feiertagsentheiligung, keine Ehrlosigkeit gegenüber den Eltern, kein Mord, kein Ehebruch, kein Diebstahl, kein Meineid, kein Neid (2 Mo 20,1–17) kann uns endgültig von Gott trennen.

Gott vergibt es sogar, wenn man gegen Jesus redet (Lk 12,10; Mt 12,32). Nur für die Lästerung gegen den Heiligen Geist gibt es keine Vergebung. Fritz Grünzweig schreibt dazu: »Gott ist uns nahe gekommen als der Vater über uns, noch näher in Jesus neben uns und am nächsten als der Heilige Geist in uns. Der Heilige Geist bewirkt die engste Gemeinschaft, die Gott uns in dieser Weltzeit gewährt. Je enger aber eine Gemeinschaft ist, desto verletzlicher ist sie ... Deshalb ist auch die Gemeinschaft, die Gott uns im Heiligen Geist gewährt, noch verletzlicher als die, die er uns im Sohn gewährt.«

Zwei Varianten

Vergleichen wir das, was die Evangelien zur Sünde gegen den Geist Gottes sagen, mit dem, was in den Briefen steht, so entdecken wir, daß diese Sünde in zwei Varianten auftritt:

– *1. Gegen den Heiligen Geist sündigt, wer sich bewußt, willentlich, wider besseres Wissen und auf Dauer der Entscheidung für Jesus Christus widersetzt.*

Hierum geht es in den erwähnten Stellen in den Evangelien. Trotz aller Zeichen, die Jesus tat, sperrten sich die Schriftgelehrten gegen ihn. Damit aber gerieten sie in Gefahr, den Heiligen Geist zu lästern. Sie waren dieser Gefahr noch nicht erlegen (vgl. Apg 3,17), aber Jesus warnte sie nachdrücklich vor ihr.

Es gibt viele solche Pharisäer. Heute findet man sie vor allem in den streng christlichen bzw. kirchlichen Kreisen. Sie sind von Kind auf »mitgelaufen«

210

(Sonntagsschule, Kindergottesdienst, Jugendkreis, Kirchenchor, Tischgebet, Morgenandacht usw. usw.) und wissen genau, worum es geht, weichen aber dem Ruf zur Entscheidung und Bekehrung immer wieder aus. Wer absichtlich auf solchem Ausweichen beharrt, der begeht schließlich die Sünde gegen den heiligen Geist.

– *2. Gegen den Heiligen Geist sündigt, wer sich nach seiner Bekehrung bewußt und willentlich wieder von Jesus Christus lossagt und hartnäckig dabei bleibt.*

Hierum geht es in den neutestamentlichen Briefen. Menschen, die bereits die Gnade Gottes in Jesus erkannt und angenommen und einige Zeit lang ein Leben mit dem Heiligen Geist geführt haben (Hebr 6,4–5), können sich durchaus wieder davon lossagen, also ihre Bekehrung »rückgängig machen«.

Unmittelbar angesprochen sind im Hebräerbrief solche Christen, die sich aus Angst vor Verfolgung (damals: Verfolgung durch den römischen Staat mit seinem Kaiserkult) öffentlich und absichtlich von Christus lossagten. Die Warnung gilt aber auch für jeden anderen, der sich ganz bewußt willentlich, endgültig wieder von Jesus lossagt.

Warum keine Vergebung mehr?

Warum gibt es von der Sünde gegen den Heiligen Geist kein Zurück, ja ist hier sogar die Fürbitte für den Sünder verboten (1 Joh 5,16)?

– Wer die Sünde begangen hat, hofft nicht mehr auf
Vergebung.
– Wer diese Sünde begangen hat, will nicht mehr
umkehren.
– Wer diese Sünde begangen hat, will dafür gar keine
Vergebung haben.

Wer noch hofft, wer noch umkehren will, wer noch
um Vergebung bittet, der hat die Sünde gegen den
Heiligen Geist noch nicht begangen.

Warnsymptome

Die Sünde gegen den Heiligen Geist geschieht nicht
im Handumdrehen. Vielmehr ist sie das Ergebnis
eines Prozesses, in welchem es z. B. folgende Stationen (nicht unbedingt in dieser Reihenfolge!) geben
kann:

– *Gottes Geist »betrüben« (Eph 4,30) bzw. »dämpfen« (1 Thes 5,19)*, d. h. man setzt sich bewußt über
geistliche Lebensregeln hinweg und räumt so dem
Bösen neuen Einfluß im Leben ein.
– *Gottes Geist belügen (Apg 5,3)*, d. h. bewußtes Vor-
täuschen von Liebe zu Gott und den Seinen.
– *Gottes Geist versuchen (Apg 5,9)*, d. h. ihn »provozieren«, herausfordern.
– *Gottes Geist widerstreben (Apg 7,51)*, d. h. bewußte, aktive Opposition gegen ihn, wider besseres
Wissen.
– *Gottes Geist schmähen (Hebr 10,29)*, d. h. den Op-
fertod Christi bewußt verachten.

Hilfen zur Vorbeugung

Folgende geistliche Lebensregeln können helfen, uns vor der Sünde gegen den Heiligen Geist zu bewahren:
- Gottes Wort studieren und in Herz und Leben aufnehmen (Apg 2,42);
- Gottes Willen fragen, erkennen und tun (Apg 9,6);
- Gott von ganzem Herzen lieben (Mk 12,30);
- mit Gott sprechen (Gebet);
- unser Leben immer wieder in Beichte und Vergebung bereinigen;
- am Abendmahl teilnehmen;
- keinen Lebensbereich dem Wirken des Geistes entziehen (Kol 3,17; Eph 5,18; 2 Kor 5,15).

Unberechtigte Ängste

Zum Schluß zurück zu den eingangs erwähnten »Ernsten« und »Ängstlichen«. Es gibt Menschen (die Bibel geht nicht auf sie ein), die furchtbare Angst haben, die Sünde gegen den Heiligen Geist begangen zu haben, obwohl diese Angst ganz unbegründet ist. Man findet dieses Phänomen unter anderem bei:
- jungen Menschen in oder kurz nach der Pubertät,
- Erschöpfungszuständen durch Überforderung u. a.
- seelischen Krisensituationen und Krankheiten.
Im seelsorgerlichen Gespräch zeigt sich hier folgendes: In diesen Menschen ist der Glaube krank geworden, weil die Seele krank geworden ist. Sie stecken so tief in ihren Depressionen, daß sie meinen, Gott wolle nichts mehr von ihnen wissen. Unter dieser Verzweiflung (und auch unter ihrer oft durchaus vorhandenen Schuld) steckt jedoch eine Sehnsucht nach heiler, ungetrübter Gemeinschaft mit Gott.

Diesen Menschen darf ohne Einschränkung gesagt werden: Wer sich noch Sorgen darüber macht, ob er die Sünde gegen den Heiligen Geist begangen haben könnte, der hat sie nicht begangen; auch nicht, wer sich in Unkenntnis, in Gedankenlosigkeit oder durch krankhaftes Verhalten von Jesus losgesagt hat, aber wieder zurückkommt und um Vergebung bittet. Denn wer den Heiligen Geist wirklich gelästert hat, der macht sich keine Sorgen mehr, der hat keine Gewissensangst, der ist von Gott nicht mehr ansprechbar.

Vergeben = vergessen?

»Vergeben ja, vergessen nie!« – ein oft gebrauchter Satz. Was will er sagen? Oft dieses: »Wenn ich daran denke, was du mir angetan hast, kommt mir alles hoch!« Ganz anders der Satz »Ich trage dir nichts mehr nach, führe auch in Gedanken keine Strichliste mehr!«
Wo nicht mehr aufgerechnet wird, beginnt ein neues Denken. Der Mensch gesundet in seiner Persönlichkeit. Das hat Auswirkungen auf Leib und Seele. Auch zwischenmenschliche Beziehungen werden heil. Das »Nicht-vergessen-Können« bekommt dann den Stellenwert, der ihm zusteht.

Bei Gott heißt vergeben vergessen; bei Menschen nicht unbedingt!

- Vergeben kann vergessen heißen! Gott, von dessen Vergebung wir leben – »...ich will ihrer Sünde nimmermehr gedenken« (Jer 31, 34) –, kann unter seinem Einfluß eine innere Heilung im »Nicht-mehr-daran-denken-Müssen« schenken.
- Vergeben muß nicht vergessen heißen! Auch wenn wir nicht vergessen können, was man uns angetan hat, so braucht uns das nicht mehr zu kränken und zu verletzen, weil wir von Herzen vergeben haben (Mt 18,21 ff.).

- Vergeben kann vergessen heißen! Das gilt auch im Blick auf die eigene Schuld: ». . . ich vergesse, was dahinten ist . . .« (Phil 3,13). Meine schuldhafte Vergangenheit braucht mich nicht mehr zu belasten.
- Vergeben muß aber auch hier nicht vergessen heißen! Gott will das gar nicht immer. In seiner Absicht liegt dann eine heilsame, nicht quälende Erinnerung. Sie soll uns davor bewahren, dieselben Fehler wieder zu machen. »Tretet auf die Wege und schauet, und fragt nach den vorigen Wegen, welches der gute sei, und wandelt darin, so werdet ihr Ruhe finden für eure Seele« (Jer 6,16).

Vergeben heißt:
Die Vergeltung Gott überlassen!

Gott sagt: »Die Rache ist mein; ich will vergelten« (5 Mo. 32,35; Röm 12,19). Das hat auch seinen guten Grund, denn Gott allein verfügt über die notwendigen Informationen, die man zum gerechten Heimzahlen braucht. Deshalb sollen wir mangels Durchblick und Kompetenzen die »Finger« davon lassen und die Angelegenheit ihm anheimstellen, der recht richtet (1 Petr 2,23). Er läßt nichts unter den Tisch fallen, und wir müssen auch nichts verschenken. Wir treten unsere Ansprüche an Gott ab, der zu seiner Zeit abrechnet.

Vergeben heißt:
Den Schuldner lieben!

Es geht also nicht um ein »Vergessen wir's!« auch nicht um ein »Schwamm drüber!« Und doch stimmt, was Gottes Wort sagt: »Die Liebe deckt auch die Menge der Sünden« (1 Petr 4,8). Sie verkraftet solches und läßt die Rache in sich verschmelzen.
Doch damit wird nicht gutgeheißen, was einem angetan wurde. Es werden vielmehr neue Prioritäten gesetzt. Nicht die Sünde wird geliebt, sondern der Sünder. Wir lernen von Jesus: »Ein neues Gebot gebe ich euch, daß ihr euch untereinander liebt, wie ich euch geliebt habe« (Joh 13,34). Er fragt nicht danach, ob sein Gegenüber überhaupt liebenswert ist; ob es seine Liebe verdient; ob es seiner Liebe würdig ist; ob es seine Liebe entgelten kann: Jesus liebt zuerst (1 Joh 4,19)! Er liebt uns »brutto«!
Lieben, wie Jesus liebt, heißt auch vergeben, wie er vergibt!

Vergeben heißt:
Die Schuld nicht nachtragen!

Leider orientiert sich unser Wille zur Versöhnung oft daran, wer der ist, dem wir vergeben sollen: ob er auch gründlich genug sein Unrecht eingesehen hat; ob er uns liegt; ob er sich hinreichend gedemütigt hat. Jesus verhält sich anders! Er rechnet nicht auf! Er trägt nicht nach (Joh 21,15–17)! Er schafft durch seine Liebe und seine Vergebung eine neue Vertrauensbasis.
Wenn eine Sache um Jesu willen vergeben ist, dann trennt sie nicht mehr, weder von Gott noch vom

Nächsten. Hat ein Christ vergeben, aufrichtig und nicht um der Form zu genügen, gern, weil er täglich selbst aus Gottes Vergebung lebt, dann bleiben in seinem Herzen und in seinen Gedanken kein Groll und keine Bitterkeit zurück.

Die Frage der Vergebung ist nicht nur eine punktuelle Angelegenheit, sondern eine Frage der Gesinnung! Nur wer selbst aus der Vergebung Gottes lebt, kann Vergebung austeilen. »Vergib uns unsere Schuld, wie wir vergeben unseren Schuldigern.« Ich darf wissen: Vergeben ist göttliche Möglichkeit in Menschenhand gegeben!

Zum Nachdenken:

Wenn ich vergebe,
- folge ich Jesus nach;
- macht Gott seine Herrschaft durch mich sichtbar;
- beweise ich, daß ich Gott vertraue;
- gebe ich Gott Handlungsfreiheit;
- gehe ich mit Gottes Absicht eins;
- gebe ich mein Wollen zu seinem Können, so daß er Vollbringen schafft.

Wenn ich vergebe,
- beende ich den Streit in mir;
- trenne ich mich vom Alten;
- überwinde ich die Vergeltung;
- distanziere ich mich von Rachegedanken;
- wird mein Gewissen entlastet;
- kann ich lieben!

Mehr zu diesem Thema im Buch des Autors »Vergebung – das zentrale Problem« (Hänssler-Verlag).

Bitterkeit

»Wie gehe ich richtig mit meiner Bitterkeit um? Sie macht mich krank in meiner ganzen Person!«

Ursachen der Bitterkeit:

Bei jungen Menschen: z. B. zu wenig Zuwendung, zu wenig Liebe im Elternhaus. Man wurde zu hart angefaßt, alles wurde verboten. So konnte man gar nicht erwachsen werden – was ja auch heißt: Fehler machen dürfen, selbständig Entscheidungen treffen, sich vom Elternhaus abnabeln.
Bei Erwachsenen: z. B. schwere Wegführungen, Enttäuschungen, unerfüllte Erwartungen. Sie machen bitter gegen Gott, weil man kein Ja zur persönlichen Wegführung findet, und gegen Menschen, weil man nicht bereit ist, zu verarbeiten, was andere einem angetan haben.

Abwehrmechanismen:

Man zieht sich immer mehr ins »Ich-mit-Mir« zurück.
– Gott will aber Offenheit statt Verschlossenheit!
Man haßt den anderen mehr und mehr.
– Gott will aber Versöhung statt Haß!
Man schluckt alles, was einen verletzt hat.
– Gott will aber Überwindung statt Verdrängung!
Man reagiert mehr und mehr aggressiv.
– Gott will aber Vergebung statt Aggression!

Was hindert die Heilung?

Eine falsche Denkweise!
1. Verdrängung ist Selbsttäuschung (Ps 32).
2. Mangelnde Aufrichtigkeit macht geistlich blind (Ps 139,23f.).
3. Selbstrechtfertigung verhindert die Vergebung (Mt 7; 18).
4. Verweigerte Mitarbeit am Heilungsprozeß führt tiefer ins Leiden (Röm 12,3).
5. Bitterkeit als Waffe läßt die Gnade nicht siegen (Hebr 12,15).

Daher:

Statt einer Symptombehandlung (»materialistische Seelsorge«) eine Wurzelbehandlung!

Innere Heilung

ist die Auswirkung der von Jesus Christus geschenkten Erlösung zur Heilung und Erneuerung des ganzen Menschen. Sie bedeutet:
– Erneuerung unserer Gesinnung;
– Heilung von negativen Erfahrungen;
– Heilung von Verletzungen der Persönlichkeit;
– Lösung von Bindungen und Zwängen;
– Heilung von Schuld.

Jesus heilt innere Wunden

Das steht nicht im Widerspruch dazu, daß wir unsere Vergangenheit mit ihm zusammen aufarbeiten, denn Jesus handelt nicht ohne uns (»Was willst du, daß ich dir tun soll?«). Darum sollten wir ihn aufrichtig bitten: »Heile du mich, Herr, so werde ich heil. Hilf du mir, Herr, so ist mir geholfen« (Jer 17,14). Es geht nicht um eine Methode. Wir müssen uns ihm vorbehaltlos zur Verfügung stellen. *Jesus* schafft die innere Heilung:
Am Kreuz von Golgatha ist die Voraussetzung dafür gegeben, daß unser »inneres Bluten« zum Stillstand kommen kann, daß unsere inneren Wunden heilen können (Jes 53,5). Diese Voraussetzung ist von Gott geschaffen worden, nicht von uns. Sie ist da, vorgegeben.
Ostern ist der Sieg, ist das Inkraftsetzen dieser Heilstat. Da ist die Macht über Sünde, Tod und Teufel offenbar. Und Pfingsten bedeutet: Gott gibt uns Anteil an diesem heilsamen Leben, Anteil am Leben Gottes! Es gibt keinen anderen Weg: Er trug unsere Krankheit, er lud unsere Schmerzen auf sich, damit wir Frieden hätten, damit wir durch seine Wunden heil werden. Nur ER.

Alles bei Jesus abgeben

Wenn ich diesen Zusammenhang erkannt habe und für mich in Anspruch nehme, daß ich innerlich heil werden will, geht es darum (im Bild gesprochen), daß ich Jesus mitnehme in die Vergangenheit oder daß ich ihn bitte: »Geh' mit mir durch meine Vergangenheit.«

Innere Heilung – damit Sie mich nicht mißverstehen –
ist nicht das Aufwühlen von Vergangenheit, ist nicht
das Aufbrechen von alten Wunden. Innere Heilung ist
nicht das Steckenbleiben in der Analyse. Es geht nicht
darum, an wieviel Bitterkeit, Groll, Haß und Hader
wir uns erinnern können, sondern es geht darum, ob
wir endlich bereit sind, diesen Haß, diese Bitterkeit,
diesen Groll, diesen Hader ein für allemal abzugeben
an den Herrn Jesus Christus, weil er dafür gebüßt hat,
damit wir gesunden!

Mehr zu diesem Thema im Buch des Autors »Vergebung – das zentrale Problem« (Hänssler–Verlag).

Üble Nachrede

Was habe ich unter übler Nachrede zu verstehen? Und wie kann ich ihr begegnen?«

Bedeutung des Wortes

Üble Nachrede ist nicht, wie manche meinen, dasselbe wie lügen oder verleumden.

Was man sagt, mag noch so wahr sein, es mag sich zugetragen haben, und doch ist es üble Nachrede, wenn man von einer abwesenden Person Schlechtes redet und sie schlechtmacht.

Daher wollen wir bewußt lernen, mit unseren Worten, unserem Reden verantwortlich umzugehen. Unsere Worte sollen heilenden und nicht zerstörenden Charakter haben. Das kann auch bedeuten, daß wir ein Gespräch unterbrechen oder auch abbrechen, weil es sonst zum Geschwätz, zur üblen Nachrede wird.

Dadurch kann ein heilsames Schweigen in unseren Familien und Gemeinden einziehen.

Das wird nicht das Miteinander und Füreinander, auch nicht unsere missionarischen Aktivitäten stören. Es wird aber deutlich machen, wo durch Gerede gerade das Füreinander und Miteinander, gerade solche Aktivitäten im Keim erstickt werden, denn: »Wenn jemand meint, er diene Gott und hält seine Zunge nicht im Zaum, der betrügt sich selbst, und sein Gottesdienst ist wertlos« (Jak 1,26).

Hilfsstrategie

Was haben wir daher zu lassen und was zu tun, um diesen Teufelskreis zu durchbrechen?

- *Überdenken Sie mehr Ihre eigenen Fehler:*
  Wenn Sie es aufrichtig tun, vergeht Ihnen die Lust am Kritisieren anderer. Sie haben genug mit sich selbst zu tun.
  Erkennen Sie sich selbst!

- *Prüfen Sie Ihr bisheriges Verhalten!*
  Wenn andere öfter zu Ihnen kommen, um Ihnen Verfehlungen Abwesender mitzuteilen, liegt es nahe, daß Sie bisher ein offenes Ohr dafür hatten.
  Ändern Sie Ihre Gesinnung!

- *Weigern Sie sich, üble Nachrede anzunehmen!*
  Wenn Sie den Mut aufbringen, schlechtes Reden über Nichtanwesende frühzeitig abzublocken, werden die Schwätzer in Ihrer Gegenwart verstummen.
  Schwimmen Sie gegen den Strom!

- *Fordern Sie den, der hinter dem Rücken des Abwesenden Schlechtes spricht, auf, es dem Betroffenen sofort selbst zu sagen!* Wenn Sie diese Haltung mit Nachdruck vertreten, werden Sie erstaunt sein, wie schnell die üble Nachrede erstickt wird.
  Gehen Sie auf klaren Kurs!

- *Entdecken Sie mehr das Gute im Leben des anderen!*

Wenn Sie weniger die Schwächen im Leben des anderen suchen, finden Sie mehr seine positiven Seiten.
Gewinnen Sie eine neue Sicht!

- *Beten Sie mehr für den anderen!*
Wenn Sie mehr mit Gott über den anderen sprechen, brauchen Sie es nicht bei anderen zu tun.
Lernen Sie, die Unheiligkeit des andern heilig zu behandeln!

- *Danken Sie mehr für den anderen!*
Wenn Sie nicht nur die Niederlagen im Leben des anderen sehen, sondern auch seine Siege erkennen wollen, gewinnen Sie eine neue, positive Einstellung zu ihm.
Für ihn danken verscheucht die üble Nachrede!

- *Lieben Sie den anderen!*
Wenn Sie bedenken, daß Jesus den anderen ebenso liebt wie Sie, dann können Sie ihn gar nicht mehr schlechtmachen.
Tun Sie ihm Gutes!

- *Segnen Sie den anderen in Gedanken!*
Wenn Sie wirklich Böses mit Gutem überwinden wollen, dann bitten Sie Gott, daß er die Fülle seines Segens nach Leib, Seele und Geist über den anderen ausschütte.
Reden Sie Gutes über den anderen!

So kann üble Nachrede überwunden werden. Wir haben die Möglichkeit, unsere Worte als Segensträger zu benutzen. Dann haben sie aufbauende Kraft. Sie werden zu heilender Medizin.

Weitere Bibelstellen zum Nachdenken: Mt 12,36; 5,37; 1 Petr 2,1; Jak 3,3–10.

Mehr zu diesem Thema im Buch des Autors »Vergebung – das zentrale Problem« (Hänssler-Verlag).

Frieden machen

»Es ist so viel vom ›Frieden machen‹ die Rede. Wie kann ich in meinem Lebensbereich dazu beitragen?«

»Laß mich in Frieden«

Gewiß kennen Sie die Redewendung »Laß mich in Frieden!« Ist das wirklich ein versöhnendes Wort?
In Familie S. wird heftig gestritten. Vater zitiert tobend das Sündenregister von Tochter Brigitte. Mutter wirft dem Vater Versagen vor, und als Helmut, der Sohn des Hauses, wegen seiner langen Mähne auch noch eins draufbekommt, reagiert er mit den Worten: »Laßt mich in Frieden!« – und krachend fliegt die Wohnzimmertür ins Schloß.
Wer so »in Frieden« gelassen werden will, wird selbst kaum Frieden finden und noch weniger schließen können. Er mag friedliebend und friedlich sein, doch ist er kein Friedensmacher.

Frieden ist Arbeit

Friede entsteht nicht dadurch, daß man einem Problem aus dem Weg geht, sondern dadurch, daß man sich ihm stellt. Frieden schaffen und halten ist Arbeit. Sie kann nur bewältigt werden von Menschen, die den Mut dazu haben, Frieden zu machen in dem bewußten Einsatz ihrer Persönlichkeit, oft mühsam, in großer Geduld und in kleinen Schritten.

Frieden mit Gott – Frieden mit dem Nächsten

Das Heilwerden der Beziehung des Menschen zu Gott ist die grundlegende Voraussetzung für ein Leben im Frieden. Das meint Jesus, wenn er uns auffordert: »Strebt zuerst danach, daß ihr euch der Herrschaft Gottes unterstellt, und tut, was er verlangt, dann wird er euch mit allem anderen versorgen« (Mt 6,33).

Es gilt, dankbar dieses Angebot anzunehmen und zu leben. Wir empfangen nicht nur Wegweisung in kritischen Lebenslagen, wir bekommen auch Kraft und Weisheit, wenn es darum geht, Entscheidungen zu treffen, verantwortlich zu agieren und zu reagieren, in Geduld auszuharren, in Anfechtung zu siegen, in Liebe zu tragen, in Demut zu verzeihen.

Wer Frieden mit Gott hat, erfährt die Kraft dieses Friedens in der Beziehung zu sich selbst. Er kann sich selbst annehmen, ja zu sich sagen, nachdem er von Gott angenommen und bejaht ist. Der Einfluß des neuen Geistes, des Geistes Gottes, macht sich bemerkbar. Nun heißt es: »Ich lebe, doch nun nicht ich, Christus lebt in mir« (Gal 2,20). Von Jesus Christus beherrscht sein, beendet die Widersprüche in einem selbst. Vorbei ist es mit dem »Laß mich in Frieden!«

Wer Frieden mit Gott gefunden hat, wer selbst befriedet ist, sucht auch den Frieden mit seinem Nächsten. Er gestaltet seine Lebenspraxis nicht mehr nach den Verhaltensmustern dieser Welt, sondern übt sich ein in ein neues Verhalten. Sein Ziel ist, heile zwischenmenschliche Beziehungen herzustellen. Er arbeitet der Unverträglichkeit entgegen – durch Nachsicht; der Unfähigkeit, mit andern in Ordnung zu kommen, mit Geduld; der Fehlhaltung, geschehenes Unrecht mit neuem Unrecht zu beantworten, mit Vergebung.

Wir wollen nicht vergessen, daß Versöhnung im Sinne Jesu eine Gott zugewandte Seite und eine dem Menschen zugewandte Seite hat. Keiner ist glücklicher dran als der, der rechte Beziehungen zwischen Menschen und Menschen schafft, erhält und wiederherstellt. Darum wird er in der Bibel »selig« gepriesen (Mt 5,9). Die Verheißung dieser Seligpreisung lautet: »Die Frieden machen, werden Kinder Gottes heißen.« Das heißt: Sie werden anerkannt als..., erhalten den Status von..., werden angesehen als Kinder Gottes.

Mehr zu diesem Thema im Buch des Autors »Vergebung – das zentrale Problem« (Hänssler-Verlag).

Kann ein Christ Kompromisse schließen?

Diese Frage kann nicht mit einem glatten Ja oder Nein ein für allemal beantwortet werden. So einfach, wie viele das gern hätten und es sich auch manchmal machen, ist die Sache nicht.

Was ist ein Kompromiß?

Laut *Duden* handelt es sich um eine »Übereinkunft in strittiger Angelegenheit durch teilweises Nachgeben und beiderseitige Zugeständnisse«.
So eigenartig das für den einen oder anderen klingen mag, aber ich mußte lernen: Wir leben davon, daß Kompromisse geschlossen werden.
Worum geht es bei einem Kompromiß? »Eben nicht darum, den anderen als Leiche auf dem Kampffeld zurückzulassen, sondern seine Einwilligung in meinen Willen zu erringen, oder besser gesagt: zwischen ihm und mir einen gemeinsamen Willen herzustellen, also aus einem Feind einen Freund zu machen. Dabei wird es nie ohne Verzichte von beiden Seiten abgehen, vor allem nie ohne gegenseitige Anerkennung und Achtung« (Dietrich Bonhoeffer).
Hier gilt als Richtschnur die Erfahrung der Väter als wegweisende Hilfe: »Im Wesentlichen Einheit, im Nebensächlichen Freiheit, in allem die Liebe.«

Kompromisse – ja, aber richtig!

Ich kann mir denken, daß der eine oder andere damit nicht so recht zufrieden ist. Ausgerechnet *dem Kompromiß das Wort reden*?! Ist nicht gerade das die große Gefahr, daß viel zu schnell (oft auf Kosten der Wahrheit) Kompromisse geschlossen werden? Zweifellos besteht die Gefahr. Doch diesen faulen Kompromiß, bei dem man sich aus Nachgiebigkeit und Schwäche dem anderen anpaßt, will ich nicht anpreisen.

Wer einen Kompromiß suchen, aber nicht einfach den Weg des geringsten Widerstandes gehen will, der braucht für seine Entscheidung Maßstäbe, Kriterien.

Einige Regeln

1. Für Menschen in der Nachfolge Jesu sind folgende Gesichtspunkte immer wichtig:
   - daß *Gottes Wille die oberste Norm ist* und als solcher in unserer Entscheidung erkennbar bleibt (2 Mo 20,2–3; Apg 5,29);
   - daß *Gottes Wort letzter, entscheidender Maßstab ist* (Ps 119; Joh 14,23);
   - daß sich in unserer Handlungsweise die *Verbundenheit mit den Geringen* erweist (Mt 9,12; 25,31 bis 46);
   - daß unser Tun mit der *Barmherzigkeit und Liebe* vereinbar ist, die auch den Feind einschließt (Mt 5,38–48).

2. *Alles, was wir sagen, muß wahr sein; wir müssen aber nicht alles sagen, was wahr ist* (Mt 10,16).

231

3. Häufig ist die Entscheidung für einen Kompromiß von weitreichender Bedeutung. Wenn wir nicht fehlgehen wollen, ist wichtig:
- die ernsthafte *Selbstprüfung vor Gott*;
- das intensive Bemühen, um *sachliche Information*;
- das *Gespräch mit anderen*, und zwar möglichst nicht allein mit Gleichgesinnten, von denen nur Bestätigung zu erwarten ist.

Bibelworte zum Nachdenken:

- Jesus Christus an die Gemeinde Laodicea: »Ich kenne deine Werke, daß du weder kalt noch warm bist. Ach, daß du kalt oder warm wärest! Weil du aber lau bist, werde ich dich ausspeien aus meinem Munde« (Offb 3,15–16).
- Paulus an die Korinther: »Ich bin allen alles geworden, damit ich auf alle Weise rette« (1 Kor 9,22).
- Jesus zu den Schriftgelehrten: »So gebt dem Kaiser, was des Kaisers ist, und Gott was Gottes ist« (Lk 20,25).

Mehr zu diesem Thema im Buch des Autors »Vergebung – das zentrale Problem« (Hänssler-Verlag).

Neid als Problem

»Ich bin so schnell neidisch. Was kann ich dagegen tun?«

Kaum jemand von uns wird sagen können, daß er noch nie neidisch war, noch nie das Denken und Gefühl in ihm aufkam: Wenn ich doch auch das hätte / wäre, was gerade dieser Mensch hat / ist.

Neid...

– entsteht aus dem Vergleich mit dem anderen, der es nach unserer Meinung besser hat.
– erwächst oft auch aus der quälenden Überzeugung, daß einem etwas entzogen bzw. vorenthalten wird, was andere haben.

Neid ist Mißgönnen und Habenwollen

Er kann es nicht verkraften, daß »der andere« mehr Geld, eine intaktere Ehe, sinnvollere Arbeit, mehr Freizeit, bessere Begabung, höheres Ansehen usw. hat.
Der Neider will aber nur bestimmte Dinge aus dem Leben des anderen, die für ihn vorteilhaft sind. Ganz umfassend will er nicht tauschen.
Oft sind solche Gedanken schnell wieder verflogen, oder wir können sie nach einiger Zeit wieder abschüt-

teln. Kritisch wird es, wo sich der Neid hartnäckig festsetzt. Da wirkt er wie »Eiter in den Gebeinen« (Spr 14,30). Da muß man die Erfahrung machen: Wer neidet, leidet!

Neid kann ...

- zum Krankheitsherd der Seele und des Leibes werden (vgl. auch Jesus Sirach 14,10).
- die Ursache vielfältiger neurotischer Verhaltensweisen sein.
- in Aggression gegen einen selbst und andere führen.
- gefangennehmen in Selbstmitleid und Frustration.

Wurzeln des Neids

Neid kommt nicht nur vordergründig durch die unterschiedlichen Verhältnisse, also von außen. In Wirklichkeit wurzelt er tief im Herzen des sündigen Menschen. Daher ist Neid kein Schicksal, dem wir ein für allemal ausgeliefert sind. Die Chance des Umdenkens und neuen Verhaltens ist in jedem Leben gegeben. Wenn wir uns klarmachen, daß der andere nicht der eigentliche Inhalt des Neides ist, sondern die Ursache in uns selbst steckt, dann ist uns schon wesentlich geholfen.
Neid ist nicht nach Gottes Willen. Wir sollten immer wieder unsere Beziehungen zu Gott überdenken (2 Mo 20,17; Röm 13,13; 2 Kor 12,20; 1 Tim 6,4; 1 Petr 2,1; Jak 3,14.15). Das wird heilsame Konsequenzen haben.
Ein paar Gedankenanstöße dazu:

Meinen Sie nicht, wenn Gott Ihnen Wünsche abschlägt, ...

– *er habe Sie nicht lieb!*
Sie müssen nicht um Gottes Liebe buhlen. Er liebt
Sie zuerst (1 Joh 4,19). »Gott liebt uns nicht, weil
wir so wertvoll sind; wir sind so wertvoll, weil Gott
uns liebt« (H. Thielicke).
Lassen Sie sich diese Liebe gefallen (Joh 3,16)!

– *er wirke nicht zu Ihrem Besten!*
Sie müssen nichts ertrotzen. Gott gibt aus freien
Stücken, wenn es für den Bittenden gut ist.
(Mt 7,7). »Gott erfüllt nicht alle unsere Wünsche,
aber alle seine Verheißungen« (D. Bonhoeffer).
Halten Sie an seinen guten Absichten fest
(Röm 8,28)!

– *er verstehe Sie nicht!*
Sie müssen vor Gott keine Wünsche verheimlichen.
Diese sind bei ihm bekannt und anerkannt (Mt 6,8).
»Verdrängen belastet. Beim Namen nennen, läßt
aufatmen.«
Bleiben Sie im Gespräch mit Gott (Phil 4,6)!

– *er sei gegen Sie!*
Sie müssen Gott nicht umstimmen. Er ist ganz für
Sie (Röm 8,31 ff.).
»Gott kann ein Nein sagen und sagt damit doch sein
Ja zu uns.«
Sagen Sie auch Ihr Ja zu Gott (Mt 22,37)!

– *er kenne Sie nicht!*
Sie müssen Gott nicht über sich informieren. Er
weiß genau Bescheid über Sie (Ps 139,2).

»Obwohl Gott uns durch und durch kennt, kündigt
er uns die Gemeinschaft nicht auf.«
Geben Sie Gott uneingeschränkt Ihr Vertrauen
(Hebr 10,35.36)!

Notwendige Konsequenzen:

– *Akzeptieren Sie Ihre Lebenslage.* Sagen Sie Ja zum
Ist-Stand!
Bedenken Sie: »Es bringt uns überhaupt keinen
Gewinn, unsere Wunschbilder zu pflegen; weiter
kommen wir, wenn wir aus der Realität das Beste
machen!«

– *Suchen Sie Gründe zum Danken!* Kommen Sie
heraus aus Ihrer Denkweise, vieles für selbstverständlich zu nehmen! Denken Sie neu!
»Wir wollen lieber den Wert unseres Lebens in dem
suchen, was Gott uns geschenkt hat, anerkennen
und ihm dafür danken, als neidisch auf das sehen,
was andere haben.«

– *Lernen Sie, zu differenzieren!*
Auch der andere kennt neben seinem Glück das
Leid, neben Licht Schatten. Denken Sie nach!
»Wir wollen lernen, unser Leben zu leben mit
seinen Möglichkeiten!«

– *Nehmen Sie teil und geben Sie teil!* (Röm 12)
»Wer sich an der Freude des anderen freut und mit
ihm in seiner Trauer leidet, hat einen Weg beschrit-
ten, der ihn aus dem verengenden Horizont eines
neidischen in die Weite eines zufriedenen Herzens
führt.«

- *Tun Sie, soweit wie möglich, das Ihre, um die Defizite Ihres Lebens auszufüllen.* Denken Sie um!

»Herr, gib mir den Mut, das zu ändern, was ich ändern kann; die Gelassenheit, das Unabänderliche zu tragen; und die Weisheit, zwischen beiden zu unterscheiden.«

Wer mit Gott lebt...

- bekommt Gewißheit: Ich bin geliebt!
  Ich bin bejaht!
  Ich bin begabt!
  Ich bin geführt!
- erfährt: Geborgenheit!
  Angenommensein!
  Wertschätzung!
  Zufriedenheit!

Das stabilisiert unsere Persönlichkeit und läßt unser krankes Denken und Fühlen heil werden. Wir werden zu Menschen, die ihren Wert in sich haben, unabhängig von Besitz, Ehre, und besonderen Lebenschancen.

Zum Nachdenken:

- Sind meine geheimen Wünsche, die ich auf den anderen übertragen habe, berechtigt?
- Kann ich mein Leben in seinem So-Sein bejahen, oder ist das, was ich neide, wirklich lebensnotwendig?
- Was kann ich dazu beitragen, meine eigene Le-

benslage (aber nicht auf Kosten des anderen!) zu verbessern?
– Wie kann ich meine Gaben für Gott und Menschen noch besser anwenden, um zufriedener zu werden?
– Womit provoziere ich Neid bei anderen?
– Wie kann ich das abstellen?
– Hole ich seelsorgerlichen Rat ein?
– Wie verarbeite ich den Gedanken: »Eigentlich müßte es allen gleich gut gehen«?
– Wie denke ich über die Aussage: »Wer neidisch ist, kann nicht wahrhaft lieben«?

> *Gebet:*
> *»Laß mich mit Freuden ohn alles Neiden sehen den Segen, den du wirst legen in meines Bruders und Nächsten Haus. Geiziges Brennen, unchristliches Rennen nach Gut mit Sünde, das tilge geschwinde von meinem Herzen und wirf es hinaus.«*
> Paul Gerhardt (1607–1676)

Zeugen gesucht

»Immer wieder habe ich Schwierigkeiten bei missionarisch-seelsorgerlichen Gesprächen. Wie kann ich lernen, ein besserer Zeuge zu sein?«

Ein Leitsatz – er resultiert aus Überlegungen anhand des Gespräches Jesu mit der Frau am Jakobsbrunnen (Joh 4,5–26) – kann Ihnen vielleicht weiterhelfen:

Wem bezeuge ich was, wann, wie, wozu?

Wem?

Um wirklich helfen zu können, muß ich meinen Gesprächspartner und seine Lebensbedingungen kennenlernen. Ich muß verstehen lernen wollen: Warum ist er so, wie er ist? Ein Herz voll Liebe und ein Kopf voll Sachwissen und Weisheit bewahren davor, an ihm vorbeizureden.

Was?

Man sucht keine Sitten und Gebräuche, sondern lebendigen Glauben, der sich außerhalb der Sicherheitszone der Gemeinde bewährt.
Man sucht nicht das Fürwahrhalten von Aussagen über Jesus, sondern die persönliche Beziehung zu Jesus.

Man sucht nicht nur den richtigen Gebrauch korrekter Vokabeln, sondern den glaubwürdigen Lebensstil.
Man sucht nicht verwaschene Anweisungen zum Leben, sondern verbindliche biblische Maßstäbe.
Missionarisch-seelsorgerliches Leben, Bezeugen, Heilen und Helfen beginnt mit dem Heilwerden des eigenen Lebens!

Wann und wie?

Lassen Sie Ihren Zeitplan von Gott bestimmen! Das leitet Sie an, seine Gelegenheiten (griechisch: *Kairos*) zu erkennen.

- Vermeiden Sie Vorurteile! Das bewahrt Sie vor der Abhängigkeit von Sympathie und Antipathie.
- Stellen Sie sich ungünstigen äußeren Umständen! Sie lernen dadurch, sie zu überwinden.
- Suchen Sie menschliche Kontakte mit Nichtchristen! Beachten Sie: »Keine gemeinsame Sache machen« heißt nicht Gemeinschaft aufkündigen.
- Beginnen Sie das Gespräch mit dem, was den anderen am meisten interessiert! Sie lernen zuhören, wenn Sie es aufrichtig meinen.
- Kümmern Sie sich um den einzelnen Menschen! Dazu brauchen Sie Zeit, Ruhe und Gelassenheit.
- Wecken Sie Interesse für die gute Nachricht von Jesus! Dazu ist es notwendig, daß Sie selbst von der Einzigartigkeit dieser Botschaft überzeugt sind.
- Sprechen Sie konkret von Jesu Angebot! Untertreiben, aber übertreiben Sie auch nicht.
- Überfordern Sie Ihren Gesprächspartner nicht! Das gibt sonst Bekehrungen, die nicht Bestand haben.
- Klammern Sie die Sünde im Gespräch nicht aus! Denken Sie dabei aber daran, daß Sie selbst ein begnadigter Sünder sind.

- Verurteilen Sie Ihr Gegenüber nicht! Es gilt, »den
  Sünder zu lieben und die Sünde zu hassen«.
- Bleiben Sie im Gespräch beim Wesentlichen! Es
  befreit, wenn Sie daran denken: Ich habe nichts zu
  beweisen, aber alles zu bezeugen. Gott beweist sich
  selbst!

Wozu?

Das Ziel unseres missionarisch-seelsorgerlichen Wirkens ist, unseren Gesprächspartner in die Entscheidung für oder gegen Jesus zu führen. Dabei werden
wir es – vereinfacht – mit drei Personengruppen zu tun
haben:
- Solchen, denen noch Information über Jesus fehlt.
  Da müssen Mißverständnisse ausgeräumt und da
  muß weiter unterwiesen werden, damit sie wissen,
  was eine Entscheidung für Jesus Christus bedeutet.
- Es gibt aber auch die anderen, die nicht bereit sind,
  aus ihrem Wissen persönliche Konsequenzen zu
  ziehen; Menschen, die permanent zweifeln, um sich
  eine Entscheidung für Jesus Christus vom Hals zu
  halten. Bei ihnen gilt es eindeutig klarzustellen, daß
  Jesus sagt: »Wer nicht für mich ist, ist gegen mich!«
- Und es gibt auch jene, die erkannt haben: Jesus ist
  Gottes Sohn, mein Herr und Heiland. Wer dies
  erfährt, erlebt Einschneidendes: Angesprochene
  werden selbst zu Ansprechenden! Sie bezeugen nun
  aus eigener Erfahrung, daß Jesus Christus ihr Leben neu gemacht hat.

Vom Umgang mit Zweiflern

»Wie kann ich einem Menschen begegnen, der an Gott und seinem Wort zweifelt?«

Drei Formen von Zweifel möchte ich unterscheiden:

1. Vorgeschobener Zweifel

Es gibt Menschen, die sich mit ihrem ständigen Zweifel systematisch den Anspruch Gottes an ihr Leben vom Hals halten. Solche Zweifler ahnen oft, daß es Konsequenzen hat, Gottes Existenz anzuerkennen. Im Umgang mit solchen Zweiflern ist es hilfreich, zu wissen: ich habe nichts zu beweisen, sondern zu bezeugen. Überzeugen will Gottes Heiliger Geist. Diese Gewißheit entkrampft das Gespräch. Es gilt,
– die Angst des anderen vor Gott abzubauen,
– ihn zu ermutigen, Gott beim Wort zu nehmen.

2. Zweifel bei Christen

Es geschieht immer wieder, daß Menschen nach vielen Jahren der Nachfolge unversehens in eine Krise geraten, die sie in ihrem Glauben zutiefst verunsichert. Ereignisse treten ein, die man mit seinem bisherigen Bild von Gott nicht vereinbaren kann. Besonders schwer fällt es, mit Zweifeln fertig zu werden, wenn es sich um das Akzeptieren der Verge-

bung von schwerer Schuld handelt. Denn ganz schnell
wird in der Anfechtung ein Zusammenhang hergestellt
zwischen der augenblicklichen Denkweise, den Gefühlen und dem damaligen Geschehen. Ist mir wirklich
vergeben? ist dann die Frage, die hochkommt.
Es ist hier wichtig, das Vertrauen aus dem Bereich per-
sönlicher Meinung und momentaner Gefühle herauszuholen und auf die Grundlage des Wortes Gottes zu
stellen. Nicht was wir empfinden, ist ausschlaggebend,
sondern allein Gottes Wort. Und dort heißt es zum
Beispiel in 1. Johannes 1,9: »Wenn wir unsere Sünden
bekennen, so ist er treu und gerecht, daß er uns die
Sünden vergibt und reinigt uns von aller Unreinheit.«
Unsere Hilfe besteht darin,
– den verunsicherten Menschen zu begleiten,
– ihm zuzuhören,
– seine Not ernst zu nehmen,
– mit ihm zu beten,
– ihn mit Gottes Wort zu ermutigen.
So verhelfen wir ihm zu einem neuen Standort, und er
kann seine Lage als Bestandteil des Wachsens und
Reifens seines Glaubens annehmen.

3. Zweifel bei suchenden Menschen

Im missionarischen und seelsorgerlichen Gespräch
begegnen uns Menschen, die – wie sie sagen – einfach
nicht glauben können. Zu vieles scheint mit dem
Verstand nicht vereinbar zu sein. Am Ende solcher
Gespräche steht dann sehr oft: »Ja, aber.«
– Hier leiden Menschen sehr oft an mangelnder Sach-
  information über Gott, Jesus und den Heiligen
  Geist.
– Daneben leiden diese Menschen aber auch an der

Verborgenheit Gottes und damit im Grunde an seiner Gottheit. Weil Gott der Schöpfer ist, steht er von vornherein außerhalb des Geschaffenen und kann von seinen Geschöpfen grundsätzlich nicht erfaßt werden.

Die einzige Möglichkeit besteht darin, daß Gott sich selbst offenbart. Sobald er das aber tut, muß er dazu Formen und Ereignisse gebrauchen, die wir Menschen auch sonst aus unserem Leben kennen. Somit kann alles, was Gott in der Welt tut, immer auch anders gedeutet werden. Wir werden Gott immer nur in dieser Mehrdeutigkeit erleben oder garnicht. Wer darauf warten will, bis man ihm Gott eindeutig, unwiderlegbar beweist, wird ihn niemals kennenlernen.

Diese Grundeinsicht müßte man seinem Gesprächspartner zunächst in Liebe und Geduld klarzumachen versuchen. Dann aber ist auch der Weg frei, aufzuzeigen, wie der Zweifel überwunden werden kann, nämlich durch Gehorsam dem Worte Jesu gegenüber. Er sagt: »Wer diese meine Rede hört und tut, der...« (Mt 7, Joh 5 und Joh 8).

Wo ein Mensch sein Leben Jesus Christus, dem Sohn Gottes, anvertraut, empfängt er den Heiligen Geist. Dieser macht ihm klar, sozusagen von innen heraus, daß Gott existiert.

Voller Vertrauen rechnet der Glaubende nun mit Gott und erlangt die Gewißheit: Ich bin Gottes Kind (Röm 8,16).

Nicht indem man über Gottes Wort theoretisiert, sondern nur indem man danach lebt, begreift man die Wirklichkeit Gottes. Aus vielen Einzelerfahrungen kommt es zu der grundsätzlichen Lebenseinstellung: »Der Glaube ist eine feste Zuversicht auf das, was man hofft, und ein Nichtzweifeln an dem, was man nicht sieht« (Hebr 11,1).

244

Voraussetzungen der Seelsorge

Berufung zur Seelsorge

Gott beruft seelsorgerliche Menschen (Joh 20,21). Dabei geht es nicht um Spezialisten, sondern um das allgemeine Priestertum. Seelsorge gehört in den Bereich der Gemeinde. Sie ist »die Ausrichtung des Wortes Gottes an den einzelnen« (Eduard Thurneysen) (1 Joh 1,2). Dabei geht es um Heil und Wohl des Menschen. Sie geschieht im Namen Jesu Christi. Er bevollmächtigt, Gottes Geist befähigt dazu (Mk 6,7; Joh 20,22; 14,16.17.26).

Grundlagen der Seelsorge

- Der Wille Gottes, »daß allen Menschen geholfen werde und sie zur Erkenntnis der Wahrheit kommen« (1 Tim 2,4).
- Die Zusage Jesu, gegenwärtig zu sein, als der Lösende und Bindende (»Wo zwei oder drei in meinem Namen beisammen sind«; Mt 18,20).
- Die Beauftragung seiner Jünger, seine Zeugen zu sein (Apg 1,8).
- Die Bereitschaft des Rat- und Hilfesuchenden, sich helfen zu lassen (Apg 9,6).

Die wichtigste Voraussetzung

Zu jedem seelsorgerlichen Helfen gehört als erste und wesentliche Voraussetzung die heile Beziehung des Seelsorgers zu Gott. Nur ein wiedergeborener Christ kann wirklich biblische Seelsorge üben (1 Joh 2,20.27). Seelsorge ohne personale Beziehung zu dem Seelsorger Jesus Christus (Joh 5,30; 15,5) erschöpft sich in menschlicher Seelenführung.

Weitere Voraussetzungen

- Schöpferische Pausen (Lk 10,38–42). Stille vor Gott! Zeit für Gott! Ruhe in Gott zum Hören, zur Begegnung mit ihm, zum Sichbeschenkenlassen durch ihn.
- Regelmäßiges Gebetsleben (Mk 1,35; 6,46). Atemholen der Seele und Herausschütten. Bevor ich mit dem Rat- und Hilfesuchenden spreche, rede ich mit Gott über ihn.
- Intensives Bibelstudium (Joh 15,7). Gottes Wort ist das Lebensmittel. Es vermittelt die beste Menschenkenntnis, ist die beste geistliche Lebenshilfe.
- Gemeinschaft (Apg 2,42) als Korrektur, Wegweisung, Entlastung. Sie ist erfahrbar in zweifacher Hinsicht: Jesus Christus als mein direkter Seelsorger (Joh 21,15–17); der Bruder / die Schwester als Seelsorger (Mt 18,20).

Aneignen von Wissen und Sachkenntnis

So gewiß Seelsorge primär Berufung und Bevollmäch-
tigung durch Gott ist, sollten wir nicht darauf verzichten, uns auch durch intensives persönliches Bemühen
für den aufgetragenen Dienst so gründlich wie nur
möglich auszurüsten (bete und arbeite!). Wer hilft,
braucht selber Hilfe: Bibelwissen – allgemeines Wissen – psychologisches, psychotherapeutisches, psy-
chiatrisches Wissen, Wissen um Methoden und Hand-
werkszeug, Erfahrung.
All dies hat dienende Funktion, um die Liebe Gottes
(Joh 3,16) den Menschen nahe zu bringen. Dabei sind
wir Jesus – und keiner »Schule«, keinem System,
keiner Lehre, keiner Ideologie – verpflichtet.

Das Ziel der Seelsorge

Die heile Beziehung zu Gott, zu Jesus Christus, zum
Heiligen Geist; zu sich selbst; zu den Brüdern und
Schwestern; zum Nächsten.
Vergebung der Sünde, Versöhnung mit Gott, Entlastung von Schuld (2 Kor 5,20; Joh 20,23); Sieg über
die Anfechtung, Freiheit von Bindungen und Mäch-
ten, neues Leben (Mk 16,17; 2 Kor 5,17); Aufrichten
in Krankheit, Trost im Leid, Hilfe in Not (Mk 16,18;
Jak 5,14–16).
Also: Ein neues Denken, Sprechen, Verhalten durch
Gehorsam dem Wort und Geist Gottes gegenüber.
Dazu muß der Rat- und Hilfesuchende seinen persönlichen Beitrag leisten, indem er aufrichtig bereit ist,
seine Sünde zu erkennen, zu bekennen, zu hassen, zu
lassen. Es geht nicht um eine Symptombehandlung
(= materialistische Seelsorge), sondern um eine

Wurzelbehandlung. Das heißt: lernen, mitarbeiten, Gesinnung ändern, verbindlich leben, falsche Erwartungen korrigieren, Schwierigkeiten bewältigen, mit Konflikten leben, Hoffnung auf Gott und nicht auf Menschen setzen!

Praktische seelsorgerliche Hilfen

Gottes Liebe (1 Kor 13). Sie ist die grundlegende Macht zum Dienst der Seelsorge. – Liebe vermag alles!

Das Gespräch (Joh 4) kommt vom Wort Gottes her und führt zu ihm hin. – Auf Gespräche einlassen!

Hören mit dem Herzen (Ps 135,16.17; Hi 31,35), dem Verstand, unter Gebet. Dabei das »Was« ebenso zu beachten wie das »Wie«. – Schweigen, Pausen aushalten! Zuhören, zusehen!

Die Lebenslage verstehen lernen, mitfühlen (= nicht unbedingt gutheißen!) (Mt 9,36; Lk 7,13). – Verständnis haben!

Sich verständlich machen, um verstanden zu werden, Gespür entwickeln für Zusammenhänge, gezielt fragen, behutsam deuten, durch »Spiegeln« bewußt machen, weiterführende Fragen stellen (Mt 20,32; Mk 10,51). – Zurückfragen!

Unruhe und Hektik vermeiden. Mein Gegenüber ist jetzt der wichtigste Mensch (Pred 3). Für ihn bin ich da. – Zeit mitbringen!

Nicht über den anderen erheben – weder in Gedanken, Worten noch Verhalten –, wird sich, wer selbst um Anfechtungen und Niederlagen weiß (2 Kor 4,1). – Barmherzig sein!

Stets das sagen, was ich meine. Ich muß nicht alles sagen, was ich weiß; aber alles, was ich sage, soll wahr sein. Mißverständnisse klarstellen (Eph 5,9). – Wahrhaftig, aufrichtig sein!

Aufs Wort hören und ihm gehorchen bewahrt vor Selbstsicherheit (1 Petr 5,5). – Demütig sein!

Warten können, Langmut, Gelassenheit (Röm 5,1–5) auch bei Schwierigkeiten und Enttäuschungen sind notwendig. – Geduldig sein!

»Unmöglich« gibt es für den Glauben nicht (Mt 19,26). Gott hat genügend Mittel, dem Ratsuchenden zu seinem Besten zu helfen. – Vertrauen üben!

Durch meine Einstellung zeige ich, daß ich selbst glaube, was ich dem Hilfesuchenden von Gott her zuspreche (Mt 9,2). – Fürglaube einbringen!

Mit meinem Gebet schlüpfe ich unter die Last des anderen (Jak 5,16). Ich solidarisiere mich mit seinem Anliegen und trage es für und mit ihm vor Gott. – Fürbitte üben!

Wer nicht schweigen kann, taugt nichts zur Seelsorge (Jak 1,19). Was mir anvertraut ist, ist Sache zwischen Gott, mir und dem, der es vor Gott ausspricht. – Schweigen lernen!

Gottes Liebe motiviert mich zu konkretem Handeln (Gal 6,10). Sie bekommt durch mich Hände und Füße, um hinzuzubringen, was fehlt. – Gutes tun!

Weisheit von Gott (Jak 1,5) gibt die notwendige Klarheit, Ursachen und Zusammenhänge zu erkennen. Sie befähigt, das klärende, wegweisende, ermahnende, tröstende, zurechtweisende, helfende, heilende, belehrende, befreiende, ermutigende, beratende Wort zu sagen. – Bitte um Weisheit!

Durch meine Zuwendung (Lk 19,5) lade ich ein, sich dem Wort Gottes zu unterstellen und der Führung des Heiligen Geistes zu gehorchen. – Einladen!

Gefahren für Seelsorger

Routine – Resignation – Sexualität – Überheblichkeit – Falscher Ehrgeiz – Erfolgsdenken – Grenzen ignorieren – keine Bereitschaft, abzugeben – Mitleid – Leidensscheu – Hemmungen – Hilflosigkeit – Überfordertsein – Stimmungen – mangelnde Disziplin – Bindungen an Narkotika – Menschenfurcht und -gunst.

Freuden des Seelsorgers

Zu erleben: Jesus vergibt; schenkt neues Leben; hilft mit Schwierigkeiten zu leben; befreit von Zwängen; gibt den Müden Kraft; richtet die Verzagten auf; bewahrt die Strauchelnden; führt auf rechter Straße; hilft Lasten tragen; heilt Kranke; schenkt Sieg in der Anfechtung ...

Die schönste Frucht für den Seelsorger ist, wenn der Rat- und Hilfesuchende in ihm Jesus sieht und es ausspricht: So denkt Jesus an mich, so versteht er mich, so liebt er mich, so sorgt er für mich, so achtet er mich wert, so begleitet er mich, so weist er mich zurecht (Jes 43,1–5).

»Seelsorge ist:
Wenn du es verstehst, durch Gebet, durch Gemeinschaft, mit Takt, Liebe, Nachsicht und Geduld mein Gewissen zu wecken und mich so dazu bringst, daß ich mich von meinen falschen Wegen zu dem richtigen wende, wenn ich unrecht getan habe« (Ps 139,23.24) (Hudson Taylor).

Zum Nachdenken

- Die Termine mit Gott haben Vorrang vor den Terminen für Gott.
- Wem sage ich was, wann, wie, wozu?
- Wer Seelsorge am anderen üben will, muß zuerst Seelsorge an sich selbst geschehen lassen.
- Wir können nach außen niemals mehr darstellen, als wir im Verborgenen sind!

Formen der Seelsorge

- Tröstende und aufrichtende Seelsorge (1 Thes 5,14).
  Ziel: Ermutigung und Stärkung im Glauben.
  Hilfe dazu: Gottes Wort, Handauflegung, Segnung.
- Zurechtweisende und zurechtbringende Seelsorge (Kol 3,16; 2 Thes 5,7 ff.).

Ziel: Anleitung zu verbindlicher Nachfolge.

Hilfe dazu: Gottes Wort als Korrektur und Norm.

- Lösende und bindende Seelsorge (Mt 18,20; Lk 4,40 ff.).

Ziel: z. B. Befreiung von Zwängen oder okkulten Bindungen.

Hilfe dazu: In Jesu Vollmacht gebieten nach vorheriger Absage.

- Dienende und behandelnde Seelsorge (Lk 10,33 bis 37; Joh 13,1–13).

Ziel: Diakonische Hilfe, motiviert von Jesu Liebe

Hilfe dazu: Zuwendung in Wort, Werk und Wesen (Gefühl).

- Verhalten verändernde Seelsorge (Röm 12,2; Eph 4,22–32).

Ziel: Neues Denken, Handeln und Sprechen.

Hilfe dazu: Gottes Wort studieren, intensives Gebetsleben, verbindliche Gemeinschaft.

- Selbsterkenntnis fördernde Seelsorge (1 Jo 4; 1 Kor 13).

Ziel: Neue Einsichten vermitteln.

Hilfe dazu: Gott, sich selbst, den Nächsten lieben lernen.

- Zusammenhänge aufdeckende und in die Zukunft weisende Seelsorge (Röm 7,14–25; Phil 3,13–14).

Ziel: Vergebung annehmen und austeilen.

Hilfe dazu: Beichte mit Zuspruch der Vergebung.

- Beratende und beispielgebende Seelsorge (Röm 15,4–5; Tit 2,7 ff.).

Ziel: Zur Bewährung im Glauben anleiten.

Hilfe dazu: Vorbilder des Glaubens.

- In Krankheit begleitende Seelsorge (Mk 16,18; Jak 5,13–16).

Ziel: Heil – Heiligung – Heilung.

Hilfe dazu: Handauflegen, Segnung, Gebet, Singen, Bekennen, Vergebung.

- Von Schuld und Schuldgefühlen befreiende Seelsorge (1 Jo 1,7–9; Spr 28,13).

Ziel: Vergebung, Aufatmen, Wachsen im neuen Leben.

Hilfen dazu: Beichte, Zuspruch der Vergebung, Umdenken, Dienst, Wiedergutmachung.

- Gaben entdeckende und Gaben fördernde Seelsorge (1 Kor 12; Röm 12).

Ziel: Wachsen, Reifen, Frucht tragen – zum Nutzen aller.

Hilfe dazu: Kennen und verstehen lernen; Ermutigung zum Tun.

Nachwort

Welche Lebens- und Glaubensfragen werden
am meisten an Sie herangetragen?

Die mehr als 500 Briefe mit seelsorglichem Inhalt,
die uns monatlich erreichen, spiegeln etwas wider
von der Vielfalt der Lebens- und Glaubensfragen,
die den Hörer bewegen.
1985 wurde auf 11840 Anliegen bei 2981 Korrespon-
denzpartnern mit 6358 Briefen eingegangen. Eine
Auswertung dieser (die zehn häufigsten Anliegen
von über 50 seien hier genannt) zeigt folgende Prio-
rität:

1. Krankheit psychisch (1595)
2. Lebensbewältigung aus dem Glauben (»Heiligung«) (1257)
3. Familie (1102)
4. Krankheit organisch (1007)
5. Lebenshilfe in Fachfragen (ärztlich, rechtlich
   u. ä.) (781)
6. Gemeinschaft (mit anderen Glaubenden) (569)
7. Dank (537)
8. Gebetsunterstützung (Fürbitte) (476)
9. Lebensalter (Jugend–Lebensmitte–Alter) (426)
10. Weitersagen des Evangeliums (»Zeugendienst«)
    (417)

Die Reihenfolge dieser Aufzählung ergibt sich aus
der Häufigkeit, mit der die einzelnen Anliegen genannt worden sind. (Siehe Zahlen in der Klammer.)

Einige Anmerkungen zu den einzelnen Begriffen können helfen, konkreter und damit hilfreicher zu predigen:

Hilfen zur konkreten Predigt

Psychische Krankheiten. Gemeint sind die verschiedenen Arten von Depressionen, Neurosen und Schizophrenien. Notwendig zum Verstehen und Weiterführen sind hier: ein Herz voll Liebe (1 Kor 13), die Bitte um Weisheit (Jak 1,5) und ein Kopf voll Sachwissen (informative Literatur).

Lebensbewältigung aus dem Glauben. Hörer aller Altersstufen fragen nach verbindlichen Normen. Nachdem die bisher vermittelten Werte nicht hielten, was sie versprochen haben, ist einerseits eine große Verunsicherung und Orientierungslosigkeit eingetreten, andererseits eine große Religiosität. Wir haben eine einzigartige Chance, das Evangelium als eine echte Alternative anzubieten. Dazu gehört auch, Bibelwissen zu vermitteln.

Familie. Das Miteinander aufgrund unterschiedlicher Wert- und Zielvorstellungen ist schwieriger geworden. Gesellschaftspolitische Aspekte machen vor der Familie nicht halt. Verzicht, Dienst, Opferbereitschaft sind Fremdworte. Kommunikation ohne »endgültige Vorurteile« muß neu gelernt werden durch Vertrauen und Geduld.

Organische Krankheiten. »Hauptsache gesund« ist eine gefährliche Akzentverschiebung. Leiden hat seinen Eigenwert. Die Erfahrungen, die darin gemacht werden, kann man sonst nirgends sammeln. Überwindbares Leiden sollte überwunden werden, unüberwindbares Leiden angenommen (Jak 5,14–16).

Dank. Hier spiegelt sich etwas davon wider, warum man uns schreibt: Man nutzt die Anonymität. – Man kann besser schreiben als sagen, was einen beschäftigt. – Man kann unabhängig von der persönlichen Gegebenheit das schriftliche Gespräch beginnen. – Man kann einen persönlichen Kontakt aus der Einsamkeit aufnehmen. – Man kann in die »Stimme am Radio« gewonnenes Vertrauen einbringen. – Man kann die Erfahrung machen: Da sind Menschen, die nehmen mich ernst, die haben Zeit für mich, die hören mir zu, gehen auf meine Probleme ein, raten, helfen mir, beten für mich. – Man kann umfassende Hilfe bekommen aufgrund größerer Möglichkeiten, umfassenderer Erfahrungen, besseren Sachwissens. – Man hat die schriftliche Antwort in Händen, kann sich immer wieder damit beschäftigen.

Lebenshilfe in Fachfragen. Auf konkrete Sach- und Fachfragen werden entsprechend konkrete Antworten erwartet, den ganzen Bereich der psychosozialen Instanzen betreffend. In diesem Zusammenhang erweisen sich unser Seelsorgekontaktnetz sowie die Zusammenarbeit mit seelsorgetherapeutischen Zentren als ganz entscheidende Hilfen vor Ort, wenn es um das Lebenlernen und die Eingliederung in eine örtliche Gemeinde geht.

Gebetsunterstützung. Einerseits wird mit der Nachfrage um Fürbitte das große Vertrauen, das der Hörer in den Verkündiger investiert, deutlich, andererseits muß auch auf die Gefahr aufmerksam gemacht werden, daß der Eindruck entsteht, der Evangeliums-Rundfunk habe »einen besseren Draht zum Himmel«. Grundsätzlich ist dieses Vertrauen aber positiv zu werten.

Gemeinschaft. In einer Zeit, wo die Massen geballt zusammenleben, ist die Vereinsamung zu einer großen Not geworden. Auch der, der weiß, daß er nicht allein ist, weil Gott ihn liebt und Jesus bei ihm ist, kann sehr einsam sein. Dies ist eine starke Rückfrage an die Gemeinden, ob sie noch Ausstrahlungs- und Anziehungskraft haben, mit den Weinenden zu weinen und mit den sich Freuenden sich zu freuen.

Lebensalter. Bei der Jugend stellen wir neben der ausgeprägten Frage nach der Ichfindung die erschrekkende Tendenz fest: arbeitslos – wertlos – sinnlos. – In der Midlife-crisis (»Krise der Lebensmitte«), noch vor dem Erreichen der höchsten Stufe auf der Karriereleiter, bricht die Frage nach dem Sinn des Lebens auf. – Im Alter stellt sich oft die Frage nach dem »Was bleibt?«, wenn Bilanz gezogen wird.

Weitersagen des Evangeliums. Neu will man lernen, das Wort und die Erfahrung einzubringen: Wem sage/ schreibe ich was, wann, wie, wozu? Glaubende fragen, wie sie ein gezielt missionarisch-seelsorgliches Gespräch führen können.

Lebenshilfe – und nicht Richtigkeiten. Beim Lesen der Seelsorgekorrespondenz wird den Mitarbeitern im Evangeliums-Rundfunk schmerzlich bewußt, daß Seelsorge in einem hohen Maße Rückfrage an die theologischen Ausbildungsstätten und an die Verkündigung ist. Wieviel Not entsteht aufgrund falscher, d. h. einseitiger und falsch verstandener Verkündigung!

Noch etwas anderes muß uns zu denken geben: Inwieweit werden Hausbesuche dazu genutzt, Gemeindeglieder, Freunde und dem Evangelium Fernstehende kennenzulernen, um dann bereits durch das seelsorgerliche Gespräch Lebens- und Glaubenshilfe und nicht nur dogmatische Richtigkeiten zu vermitteln?

Über den Autor

Kurt Scherer (Jahrgang 1938, verheiratet, drei Söhne) ist Pastor der Evangelisch-methodistischen Kirche. 1963–1972 Gemeindepastor, 1969–1977 Chefredakteur beim Evangeliums-Rundfunk (ERF) in Wetzlar, seit 1977 Leiter der Abteilung Seelsorge beim ERF. Kurt Scherer ist Autor verschiedener Bücher und Publikationen sowie Rundfunksendungen, Leiter von Seelsorge-Schulungen und Seminaren für Konfliktbewältigung und biblische Lebensgestaltung sowie Mitbegründer des Deutschen Arbeitskreises für Biblische Seelsorge.

Sachregister

Bibelstellenregister

270

Kassetten von Kurt Scherer

Re-signieren
Bestell-Nr. 90221, DM 8,50

Seite A:
Müssen Menschen in Verzweiflung steckenbleiben –
oder gibt es einen Weg?
Seite B:
Jesu Anweisung: Lernet von mir!

Die Macht der Gedanken
Bestell-Nr. 90247, DM 8,50

Seite A:
Angst und situationsbezogenes Denken
Seite B:
Zuversicht und gottvertrauendes Denken

Wege aus der Krise
Bestell-Nr. 90204, DM 8,50

Seite A:
Hilfe für Seelsorger
Seite B:
Hilfe für Ehepartner

Seelsorge für den jungen Menschen
Bestell-Nr. 90131, DM 8,50

Seite A:
Der junge Mensch auf der Suche nach seiner Identität
Seite B:
Der Seelsorger als Begleiter des Jugendlichen

Bitte fragen Sie in Ihrer Buchhandlung nach diesen Kassetten!
Oder schreiben Sie an den Hänssler-Verlag, Postfach 1220,
D-7303 Neuhausen-Stuttgart